HEYNE
BÜCHER

Antje Ernst-Motz

Ski-Langlauf

Moderne Techniken, Ausrüstung und Trainingsmethoden

WILHELM HEYNE VERLAG
MÜNCHEN

HEYNE RATGEBER
08/9029

Aktualisierte, erweiterte Neuausgabe des Heyne-Buchs Nr. 4390

Printed in Germany 1985
Fotos: adidas, Herzogenaurach; Leiv Berg, Oslo;
Süddeutscher Verlag, Bilderdienst, München
Umschlagfotos: Bildagentur Mauritius, Mittenwald (Vorderseite);
Bavaria Verlag, Gauting (Rückseite)
Umschlaggestaltung: Atelier Ingrid Schütz, München
Gesamtherstellung: Presse-Druck Augsburg

ISBN 3-453-41679-1

INHALTSVERZEICHNIS

VORWORT

Seit rund 15 Jahren hat der Skilanglauf einen ungeahnten Aufschwung genommen. Ursprünglich eine belächelte Außenseiterbetätigung, ist er zu einem echten Volkssport geworden. In Mitteleuropa ist seine Popularität so groß, daß er sich durchaus mit dem alpinen Skisport messen kann. Vor allem Hobbysportler finden immer mehr Gefallen an dieser Art der Freizeitgestaltung, bei der das Alter überhaupt keine Rolle spielt. Es gilt nur einige Grundregeln zu beachten, dann ist Skilanglauf oder Skiwandern eine herrliche Sache. Was Sie über diese Art des Freizeitvergnügens wissen müssen, wie Sie sich darauf vorbereiten können, welche Ausrüstung Sie benötigen oder wie die unterschiedlichen Schrittechniken funktionieren, darüber informiert Sie dieses Buch.

Und nun viel Spaß beim großen Skivergnügen!

DAS ALLES SPRICHT FÜR DEN SKILANGLAUF

Millionen Menschen sind mittlerweile auf ihren Skiern unterwegs. Sie betreiben alpinen Skisport. Sie laufen, wandern und gehen mit Skiern in eigens präparierten Loipen oder legen sich ihre eigenen Spuren durch verschneite Wiesen und Wälder.

Der Skilanglauf, einst ein Sport für Einzelgänger, ist zum Massen-, sogar Modesport avanciert. Aber er wird auch immer mehr sein als bloßer Modesport. Langlauf ist ›Lifetime‹sport; er begleitet Sie ein Leben lang. Das ist nur *ein* Grund, der für ihn spricht. Es gibt unzählige andere:

- Langlauf ist eine Sportart für alle. Für Sie, Ihre Freunde und Bekannten, für Familienväter – besonders, wenn Sie tagsüber im Büro sitzen und angeblich für nichts Zeit haben –, ja sogar für rüstige Großväter.
- Sie bewegen sich in freier Natur, in frischer Luft. Die wenigen Menschen, die Ihnen begegnen, stören nicht. Niemand fährt Sie um.
- Langlauf beansprucht den ganzen Körper, nicht nur die Beine.
- Langlauf macht jedem Spaß. Dem Anfänger genauso wie dem Könner.
- Langlauf zählt zu den Sportarten mit dem höchsten Gesundheitswert.
- Langlauf kommt als rhythmische Sportart gerade dem weiblichen Bewegungsempfinden entgegen. (Was wenige wissen: Frauen sind im Durchschnitt ausdauernder als Männer!)

- Beim Langlauf gehen Sie praktisch kein Verletzungsrisiko ein.
- Selbst wenn Sie einmal hinfallen, bleiben Sie von blauen Flecken verschont.
- Ob Sie sich anstrengen wollen oder nicht, liegt ganz bei Ihnen. Nichts zwingt Sie – wie bei Abfahrten –, einen Hang hinunterzufahren.
- Langlauf ist nicht teuer. Man braucht nur die Ausrüstung. Sonst nichts.
- Sie brauchen keinen Sportplatz, keine Halle, keine Piste. Nur die Natur – und sie ist beinahe überall.
- Sie sind auf keine Seilbahn angewiesen, auf keinen Lift.
- Sie brauchen nirgends Eintritt zu bezahlen. Kein Abonnement belastet Ihren Geldbeutel.
- Nirgends brauchen Sie zu warten. Sie ärgern sich über keine Liftschlange. Über keinen Nachbarn, der Ihnen dauernd auf den Skiern herumtritt. Solange Sie Ihre Langlaufskier an den Füßen haben, können Sie laufen. Mit und ohne Pausen.
- Sie können laufen, wann immer Sie wollen. Wenn Sie Frühaufsteher sind, vor Sonnenaufgang. Wenn Sie spät von der Arbeit kommen, nach Sonnenuntergang. Außerdem gibt es mehr und mehr beleuchtete Nachtloipen.
- Sie können auch bei schlechtem Wetter laufen. Bei Schneetreiben, bei Nebel. Wenn Sie nicht zimperlich sind, selbst bei leichtem Regen.
- Sie können immer laufen, sobald Schnee liegt. Zehn Zentimeter genügen.
- Sie können bei jedem Schnee laufen. Bei schwerem, nassem Schnee. Bei vereister Spur, wenn die übrigen Pisten schon längst leer sind.
- Sie können allein laufen, oder eine Wanderung zu mehreren unternehmen. Dabei sich unterhalten. Es eilt ja nicht.
- Langlaufen ›kann‹ man praktisch vom ersten Tag an. Langlauf ist leicht zu erlernen.

Zählen Sie nach: Es sind zwanzig gute Gründe, die für den Langlauf sprechen. Also?

LANGLÄUFER LEBEN LÄNGER

Mit diesem Slogan wirbt der Deutsche Skiverband für den Langlauf. Eine gute Idee. Eine wahre Idee. Und mehr als bloße Werbung.

Warum leben Langläufer länger? Weil der Langlauf Herz und Kreislauf jung hält. Ausdauersport – Laufen, Schwimmen, Bergwandern, Radfahren und Skilanglauf – ist die beste Medizin gegen das Altern. Und im Alter die beste Medizin gegen Herzkrankheiten. Professor Dr. Harald Mellerowicz in seinem Referat ›Trimm für das Herz‹:

Als Mittel der Prävention (Vorbeugung) ist Training in richtiger Dosierung in seinem Indikationsbereich wirksamer, unschädlicher und billiger als eine Unzahl von nur symptomatischen Mitteln (d. h. Medikamenten). Die Ärzte dieser Zeit müssen Erzieher zu präventiver Leibesübung und gesunder Lebensführung werden! Sie müssen ihren Patienten helfen, sich zu helfen durch eigene Übung des Leibes und seiner Kräfte.

Was geschieht im Körper beim Langlauf? Entscheidend für jede Dauerleistung ist, wieviel Sauerstoff pro Zeiteinheit (z. B. in einer Minute) der Muskulatur zugeführt wird und in welchem Maße die Muskulatur imstande ist, ihn in Energie umzuwandeln. Sauerstoff wird mit der Luft eingeatmet. In den Lungen nimmt ihn das Blut auf, das gewissermaßen für ihn das körperliche Transportunternehmen ist. Vom Herzen wird das sauerstoffreiche Blut bis in die letzten Winkel des Körpers gepumpt. Dort – in der Muskulatur – verbindet er sich mit anderen Stoffen: In dieser ›Verbrennung‹ wird Energie freigesetzt. Die Kraft, mit der wir z. B. einen Stein heben können. Oder langlaufen.

Dieses ganze System ist außerordentlich kompliziert und bis ins letzte noch unerforscht. Vereinfacht hängt die Dauerleistung davon ab

- wieviel Luft pro Atemzug den Lungen zugeführt werden kann (je mehr Luft eingeatmet wird, desto mehr Sauerstoff kann ans Blut abgegeben werden). Trainierte können wegen ihrer besseren Atemtechnik fast doppelt soviel Luft einatmen wie Untrainierte;
- wie kräftig der Herzmuskel entwickelt ist. Je schneller und je mehr Blut durch die Adern gepumpt wird, desto mehr Sauerstoff kann transportiert werden. Das sogenannte maximale Schlagvolumen des Herzens (d. h. die Menge des ausgestoßenen Blutes pro Herzschlag) ist bei Trainierten bis zu 50% höher als bei Untrainierten. Das Herz eines Sportlers befördert in der Minute bis zu 36 Liter Blut gegenüber maximal 14–18 Liter beim Nichtsportler;
- wieviel Blut im Körper vorhanden ist. Bei Trainierten ist eine größere Blutmenge festzustellen als bei Untrainierten (Trainierte können vor allem besser die sogenannten Restblutmengen mobilisieren);
- wie viele Blutadern vorhanden sind (der Sauerstoffaustausch mit den Zellen der Muskulatur erfolgt in den allerfeinsten Adern, den sogenannten Kapillaren). Die Muskulatur eines Ausdauersportlers weist doppelt so viele Kapillargefäße auf wie die des Untrainierten (oder auch des reinen Kraftsportlers!);
- in welchem Maß die Muskulatur fähig ist, den Sauerstoff in Energie umzusetzen. Die Muskulatur eines Ausdauersportlers reagiert biochemisch viel besser als die eines Nichtsportlers.

- Ferner liegt der Blutdruck beim Sportler niedriger als beim Nichtsportler (es ist zu schwierig, den Zusammenhang hier mit einer Verbesserung der Ausdauerleistung aufzuzeigen). Was jedoch für die folgende Beurteilung wichtig ist: Je niedriger der Blutdruck ist, desto mehr wird das Herz entlastet.

Entscheidend für unsere Betrachtung ist jedoch nicht, wie sich der Körper eines Trainierten bei Maximalbelastungen verhält – wir wollen ja keine Leistungssportler werden –, sondern wie er sich in Ruhe bzw. bei normaler Belastung verhält. Das trainierte Herz läuft gegenüber dem untrainierten im Schongang. Während das untrainierte Herz im Tag 15 000 bis 20 000 mkg leistet (was z. B. der Leistung enspricht, pro Tag 15–20 Tonnen insgesamt 1 m hoch zu heben), erreicht das trainierte Herz denselben Effekt mit einer Leistung von lediglich 7000 bis 10 000 mkg. Der Techniker würde sagen: Der Nutzungsgrad des trainierten Herzens ist wesentlich höher. Es leistet mit wenig Aufwand viel. Sie können dies leicht selbst nachprüfen: Gewöhnlich beträgt der Ruhepuls (d. h. die Anzahl der Pulsschläge pro Minute bei körperlicher Ruhe) 70 bis 80 Schläge; er sinkt bei Sportlern bis auf 35. Auf der anderen Seite schlägt das Sportlerherz beim Treppensteigen z. B. noch durchaus normal, während wir schon auf ›180‹ sind. Es leuchtet ein, daß ein trainiertes Herz viel langsamer verschleißt. Deshalb leben Langläufer länger.

LANGLAUF MACHT SPASS, WENN SIE SICH DARAUF VORBEREITEN

Um es gleich vorwegzunehmen: Sie brauchen sich nicht vor Winterbeginn in eine tägliche Gymnastik zu stürzen. Es geht auch, wenn Sie überhaupt nichts tun. Nur: Völlig untrainiert strengt Langlaufen am meisten an. Sie können sich damit zufriedengeben, nur ein paar hundert Meter weit laufen zu können – auch das ist etwas wert. Damit kommen Sie aber nicht weit in der Gegend herum. Mehr Spaß haben Sie, wenn Sie über ein bißchen Kondition verfügen. Sie müssen kein streng ausgerichtetes Trainingsprogramm absolvieren. Schauen Sie sich die folgenden Tips einmal an. Vielleicht sind einige darunter, die Ihnen zusagen.

Der Skilanglauf als jahreszeitlich bedingte Sportart verlangt geradezu nach einer sommerlichen Ergänzung. Einige dieser geeigneten Sportarten haben wir bereits genannt: Spazierengehen, Wandern, Bergwandern, Waldlauf, Radfahren, Schwimmen. Selbstverständlich gibt es noch weitere Möglichkeiten. Sie sind jedoch nicht für alle durchführbar, weil Sie dazu bestimmte Sportstätten benötigen und deshalb meist einem Verein beitreten müssen. Oder sie sind verhältnismäßig teuer. Tennis, Sommereislauf, Rudern, Mannschaftsspiele, Tischtennis, Golf, Leichtathletik. Ein Geheimtip: In Mittelgebirgsgegenden (Hessen, Nordrhein-Westfalen, Niedersachsen) betreiben im Sommer viele Skivereine Orientierungslauf. Eine feine Sache. Erkundigen Sie sich mal in Ihrer Umgegend, wenn Sie in diesen Landstrichen wohnen.

Bei uns nahezu unbekannt, ist Orientierungslauf in der Schweiz, in Skandinavien und in den osteuropäischen Staaten ein ausgesprochener Volkssport.

Spazierengehen

Spazierengehen entspricht dem winterlichen Skiwandern auf kurzen Strecken. Eine beschauliche Sportart; eigentlich gar kein Sport. Und dennoch können Sie dabei ›trainieren‹. Sie können atmen lernen. Nehmen Sie sich einmal vor, über eine längere Strecke beim Spazierengehen bewußt zu atmen:

Atmen Sie langsam tief ein und aus. Bevorzugen Sie die sogenannte Zwerchfellatmung (nicht den Brustkorb heben und senken, sondern den Bauch nach außen drücken und einziehen). Die Dehnung des Brustkorbs verbraucht viel zu viel Kraft!

Atmen Sie aber immer ›zügig‹, und pressen Sie nie, d. h. halten Sie nie krampfhaft den Atem an. Achten Sie vor allem auf eine ausgeprägte Ausatmung. Je mehr verbrauchte Luft Sie aus den Lungen herauspusten, desto mehr frische, sauerstoffreiche Luft können Sie einatmen. Sie wissen doch: Auf diese Sauerstoffversorgung kommt es an.

Noch etwas können Sie beim Spazierengehen üben. Gehen Sie ab und zu 50 oder 100 Meter mit etwas längeren Schritten. Sie werden merken, daß die Arme automatisch stärker mitschwingen. Der Laufrhythmus wird zwingender. Man nennt ihn: Diagonalschritt. Weil immer beim Gehen und Laufen der ›ungleiche‹ Arm mit dem Bein nach vorne schwingt: z. B. gleichzeitig das rechte Bein und der linke Arm.

Die meisten Vierfüßler wenden übrigens diese Gangart an. Ein Pferd bewegt immer gleichzeitig das linke hintere Bein und das rechte vordere in gleicher Richtung. Nur das Kamel macht eine Ausnahme. Es ist ein Paßgänger. Es schiebt immer die Extremitäten einer Körperhälfte – z. B. der rechten – gleichzeitig nach vorne. Darum hat es so einen schaukelnden Gang.

Wandern

Wandern unterscheidet sich vom Spazierengehen lediglich durch die größere Strecke. Einige Stunden bis zu einem ganzen Tag können Sie unterwegs sein. Sie können ab und zu dieselben Übungen zur Verbesserung der Atemtechnik einlegen wie beim Spazierengehen.

Aber etwas Neues kommt hinzu: Die langandauernde Bewegung fördert in der Beinmuskulatur die Neubildung von Kapillargefäßen (Sie erinnern sich: Das sind diese allerfeinsten Gefäße, durch deren Wände der Sauerstoffaustausch mit den Muskelzellen erfolgt). In der Fachsprache nennt man diesen erwünschten Effekt: Verbesserung der lokalen Muskelausdauer (im Gegensatz zur allgemeinen Ausdauer, die von der Leistungsfähigkeit des Herz-Kreislauf-Atmungssystems abhängig ist).

Bei langen Wanderungen ergibt es sich meist von selbst, daß Sie mal schneller, mal langsamer gehen. Sie können sich dies aber auch bewußt vornehmen.

Bergwandern

Gegenüber dem Wandern kommt hinzu, daß es nun bergauf und bergab geht. Flache Strecken sind selten. Die Belastung des Herz-Kreislauf-Atmungssystems ist ungleich höher. Die Beinmuskulatur muß mehr leisten. Bergauf muß bei jedem Schritt das vordere Bein hochgehoben werden, es kann nicht mehr, wie auf der Ebene, locker nach vorne pendeln. Bergab muß bei jedem Schritt der Hangabtrieb des Körpergewichts gebremst werden. In gewissem Sinn ist Bergwandern ein Gewichtstraining: nämlich mit der Schwere des eigenen Körpers.

Wer weitab im Flachland wohnt und auch am Wochenende keine Gegenden mit höheren Bergen erreichen kann, müßte diese fehlende Möglichkeit Mangel durch gelegentliche Radtouren wettmachen.

as

Waldlauf

Es ist nicht jedermanns Sache – vor allem, wenn man Sport nur privat für sich betreibt –, auf Waldwegen an mehr oder weniger verdutzten Spaziergängern vorbeizutraben. Vor allem, wenn man dabei keine allzu gute Figur macht (aber darauf kommt es uns ja nicht an). Ungeachtet dieses verständlichen Hemmnisses ist aber vom medizinischen Standpunkt aus gesehen der Lauf (neben dem Schwimmen) *die idealste Ausdauersportart und die notwendigste für den Nicht-Leistungssportler.* Während man beim Gehen und Wandern über eine mittlere Belastung nicht hinauskommt, können beim Waldlauf höhere und damit wirkungsvollere Trainingsreize gesetzt werden. Vielleicht haben Sie in der letzten Zeit in der Zeitung einmal etwas darüber gelesen, daß in sogenannten Infarkt-Kliniken die Patienten eigentlich nur in ihrer Ausdauerfähigkeit ›trainiert‹ werden. Professor Halhuber, der die bekannteste dieser Kliniken in Höhenried am Starnberger See leitet, entläßt seine Patienten im Winter erst dann als gesund, wenn sie in Seefeld bei Innsbruck auf den olympischen Langlaufstrecken von 1964 gezeigt haben, daß sie diese durchlaufen können. Wenn Sie sich trotz der erhobenen Bedenken im Waldlauf einmal versuchen wollen – es ist ein Zeichen von Souveränität, wenn man andere über sich lachen läßt –, dann variieren Sie auch hier:

Jog-trot oder **jogging** (sprich: dschogtrot und schogging): dahinzockeln, langsam traben. Man kann sich dabei mit den anderen unterhalten;

Fartlek (kommt aus Schweden): Einzelne Streckenteile werden je nach Laune in ganz unterschiedlichem Tempo durchlaufen. Sowohl gemütliches Gehen wie auch maximale Spurts sind im Angebot inbegriffen;

Intervall: Abwechselnd wird eine (möglichst konstant lange) Strecke in mittlerem Tempo durchlaufen (z. B. 600 m), dann folgt eine Bummelstrecke, bis man sich wieder erholt hat. Anschließend wieder flottes Tempo. Im Unterschied zum Fartlek wird also nur zwischen zwei Tempoarten gewechselt, zwischen Anstrengung und Erholung.

Je abwechslungsreicher eine Waldlaufstrecke ist (Steigungen, Bergabläufe, Waldstrecke, Wiesenweg), desto lebendiger ist diese Art des Ausgleichssports.

Radfahren

Wie der Skilanglauf, so scheint auch das Radfahren (wieder) in Mode zu kommen. Vom Bewegungscharakter her ist diese Ergänzungssportart jedoch nicht ganz so geeignet wie die vorhergehenden. Man sitzt, die Arme schwingen nicht mit – also ein ganz anderer Bewegungsablauf als beim Langlauf. Dennoch werden zwei Zielsetzungen erreicht: Die allgemeine Ausdauer wird geschult und die Beinmuskulatur gekräftigt.

Die meisten ›Laienradfahrer‹ fahren mit zu großen Übersetzungen (Ihr Fahrrad sollte unbedingt eine Gangschaltung haben). Der Berggang ist nicht nur für Alpenpässe gedacht. Es ist wichtig, daß Sie möglichst schnell strampeln, nicht daß Sie schnell vorwärtskommen. Rekorde sollen andere brechen. Schalten Sie in den Großgang nur, wenn es bergab geht oder wenn Sie Flachländer sind und es bei Ihnen keine Steigungen gibt: Sie können so in der Ebene einen Berg ›simulieren‹. Denselben Effekt erzielen Sie bei einem Fahrrad ohne Gangschaltung, indem Sie die Felgenbremsen über eine längere Strecke mehr oder weniger stark anziehen. Machen Sie keinen Rennfahrerbuckel. Strecken Sie die Arme durch, und fahren Sie mit aufrechtem Oberkörper. Sie können dann besser atmen.

Schwimmen

Im Sommer können Sie beim Schwimmen das Angenehme mit dem Nützlichen verbinden. Allerdings müßten Sie etwas mehr tun als lediglich Baden. 15 oder 20 Minuten zügig durchschwimmen. Ohne Pressung atmen. Dann können Sie sich beruhigt wieder die Sonne auf den Bauch scheinen lassen.

Tips für Ausdauersport

Verausgaben Sie sich als Laiensportler nie. Laufen oder schwimmen oder radeln Sie immer nur so schnell, daß Sie nie außer Atem kommen. Legen Sie lieber mal eine Pause ein und erholen Sie sich. Die Gegend anschauen. Das bringt auch etwas.

Beginnen Sie stets gemächlich und langsam. Der Körper benötigt einige Zeit, bis er sich unter Belastung auf das richtige Verhältnis von Sauerstoffaufnahme und Sauerstoffverbrauch eingestellt hat (der Fachmann spricht vom steady state). Anfangs wird kurzfristig mehr Sauerstoff verbraucht, als aufgenommen wird. Körperreserven werden angegriffen. Da sie aber nicht viel hergeben, kommt man nur zu leicht in Atemnot. Das muß nicht sein.

Nehmen Sie sich keine bestimmte Strecke vor. Laufen Sie, solange es Ihnen Spaß macht. Mal sind Sie besser in Form, mal schlechter. Stoppen Sie nie irgendwelche Zeiten. Lassen Sie Ihre Uhr zu Hause. Sonst geraten Sie in die ›Mühle‹ des Leistungssportlers. Er ist gezwungen, von Tag zu Tag seine Leistung zu verbessern. Sonst ist er ein unglücklicher Mensch. Sind Sie schlauer.

Laufen Sie (ausgenommen beim jog-trot) allein. Sie können dann immer das Tempo so bestimmen, wie es Ihnen gerade paßt. Sie fühlen sich dann nie aus falschem Ehrgeiz gezwungen, schneller zu laufen, als Sie eigentlich können. Und Sie müssen auch nicht aus falscher Rücksicht langsamer laufen, als Sie eigentlich wollen.

Spazierengehen und Radeln können Sie unter der Woche. Und wenn es nur mal eine Viertel- oder halbe Stunde ist. Schwimmen, Wandern und Laufen können Sie am Wochenende. Planen Sie nicht stur. Richten Sie sich nach dem Wetter, nach Ihrem Befinden, ob jemand mitmacht. Machen Sie sich den Sport nicht zum täglichen Zwang. Dazu ist er zu schade. Sie hätten jedesmal ein schlechtes Gewissen, wenn Sie nichts tun.

EIN BISSCHEN GYMNASTIK

Soviel Sie auch Ihre Ausdauerfähigkeit nach dem bisherigen ›Programm‹ schulten, Sie hätten dennoch nach dem ersten Langlauf einen Muskelkater. Vorausgesetzt, Sie hätten keine Gymnastik getrieben. Einige Muskelpartien werden nämlich beim Langlauf in anderer Weise als beim Gehen, Wandern, Laufen, Radeln oder Schwimmen beansprucht.

Die Wadenmuskulatur wird stärker auf Dehnung beansprucht, weil beim Langlauf der Winkel zwischen Fuß und Schienbein durchweg kleiner ist. Es wird ein ständiger Zug auf den Wadenmuskel ausgeübt.

Die Schrittstellung ist beim Langlauf wesentlich größer als beim Gehen. Die Oberschenkelmuskulatur an den Innen- und Rückseiten wird stärker ›in Mitleidenschaft‹ gezogen.

Das rückwärtige Schwungbein wird weit stärker aktiv nach vorne beschleunigt. Diese Arbeit leistet teilweise die meist sehr schwach ausgebildete Bauchmuskulatur.

Die Arme pendeln beim Langlauf nicht nur entgegengesetzt zu den Beinbewegungen (Diagonalschritt), sondern der Läufer schiebt sich mit ihnen an den Stöcken zugleich vorwärts. Dies leistet die rückwärtige Oberarmmuskulatur.

Beim Langlauf stehen Sie mit dem Standbein nicht wie beim Gehen auf dem Boden fest, sondern auf einer gleitenden Unterlage (darum nennt man beim Langlauf das Standbein ›Gleitbein‹). Das verlangt ein stark ausgeprägtes Gleichgewichtsgefühl. Je weniger man imstande ist, sich locker und sicher auf dem Gleitbein auszubalancieren, desto mehr Kraft muß man aufwenden, um nicht umzufallen.

Laufen fällt um so leichter, je besser Ihre Arm- und Beinbewegungen miteinander koordiniert sind, d. h. sich fließend zu- und ineinander bewegen. Leider beherrschen die wenigsten Menschen diese kräftesparende Bewegungskoordination nicht einmal beim täglichen Gehen. Sie gehen krumm, mit eckigen Bewegungen, schaukeln mit dem Oberkörper, rudern mit den Armen. Und verbrauchen dabei unnütz viel Kraft. Dabei wäre Gehen so bequem. Schauen Sie sich einmal genau in einem Kulturfilm an, wie Eingeborene gehen. Geschmeidig. Weich.

Übungen für die Wadenmuskulatur

Federn Sie sich im Stand mehrmals kurz hintereinander in den gestreckten Zehenstand hoch.

Lehnen Sie sich mit dem Gesicht schräg zur Wand, und stützen Sie sich mit den Händen ab. Drücken Sie nun abwechselnd links und rechts die Ferse kräftig auf den Boden. Je weiter Sie die Füße von der Wand weg aufsetzen, desto ausgiebiger ist die Wirkung dieser Übung.

Legen Sie sich auf den Rücken, und ziehen Sie die Beine an (wie ein Baby auf dem Wickeltisch). Drücken Sie abwechselnd jeweils 5–8 Sekunden die Fußspitzen nach unten (gegen den Boden) bzw. nach oben (gegen das Schienbein) durch.

Bleiben Sie wie bei der vorhergehenden Übung auf dem Rücken liegen, und halten Sie Ihre Beine knapp oberhalb der Fußgelenke mit den Händen fest. Kreisen Sie abwechselnd mit den Fußspitzen kräftig nach außen und nach innen. Gerade diese Bewegung sollte rund und geschmeidig erfolgen. Lassen Sie sich aber nicht stören, wenn Ihre Fußspitzen anfangs einen sehr holprigen Kreis beschreiben. Das verliert sich mit der Zeit.

Übungen für die große Schrittstellung

Stellen Sie sich mit einer weiten Schrittstellung hin. Springen Sie leicht hoch, und wechseln Sie während des Sprungs die Beinsstellung: das vordere Bein zurück- und das rückwärtige Bein vorschwingen. Dann allmählich die Schrittstellung immer mehr vergrößern.

Stellen Sie sich mit großer Schrittstellung mit dem Gesicht zur Wand so auf, daß die Zehen des vorderen Fußes an der Wandleiste anstoßen. Versuchen Sie unter leichtem Wippen das rückwärtige Bein immer weiter nach hinten zu schieben.

Stellen Sie sich je nach Beinlänge 1–1½ m entfernt vor einer Wand auf. Heben Sie ein Bein etwa brusthoch an, und stützen Sie sich mit ihm gegen die Wand. Legen Sie beide Hände auf das Knie des Stützbeines, und drücken Sie das Knie so weit durch, bis das Bein ganz gestreckt ist. Das Standbein verändert dabei seine Stellung nicht.

Sie verfügen über eine dehnbare Beinmuskulatur (sowohl Wade wie Oberschenkel) dann, wenn Sie ohne besondere Mühe folgende Übung beherrschen: Greifen Sie in der Hocke mit den Händen unter die Zehen. Strecken Sie die Beine, ohne die Zehen loszulassen.

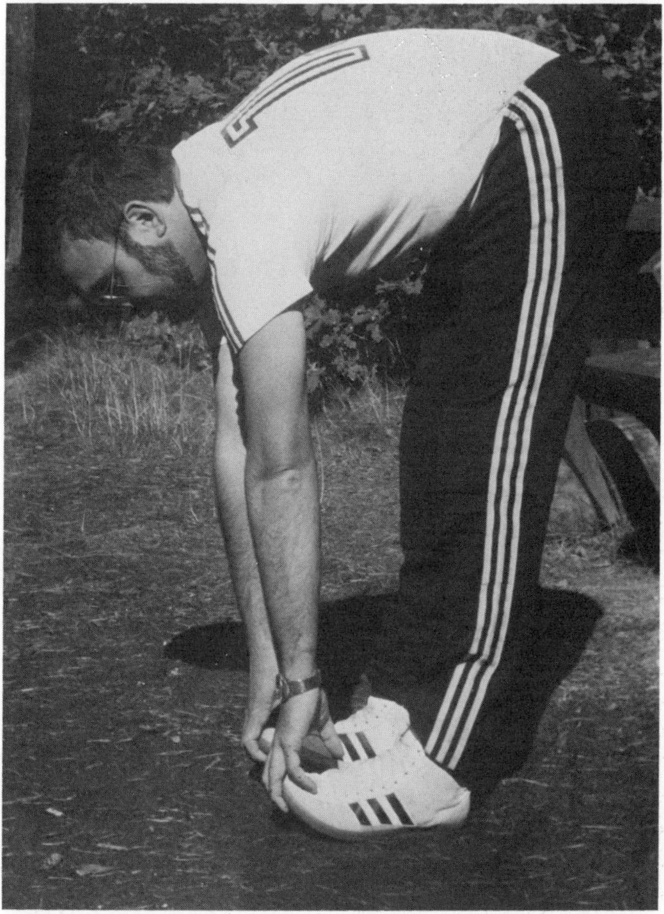

Übungen für die Bauchmuskulatur

Legen Sie sich gestreckt auf den Rücken, und heben Sie abwechselnd die gestreckten Beine bis zur Senkrechten an.

Legen Sie sich wie bei der vorhergehenden Übung hin, strecken Sie jedoch zusätzlich die Arme nach hinten neben dem Kopf aus. Heben Sie die Beine wie vorhin an, berühren Sie jedoch gleichzeitig mit der jeweils gegengleichen Hand (also: rechtes Bein, linke Hand) eine Fußspitze. Dann wieder in die Ausgangslage zurückkehren und Beinwechsel.

Im Stand ist ein Bein zurückgestellt. Stellen Sie sich im Geiste vor, daß ein Ball neben der Innenseite des Standbeines liegt, den Sie mit einem mächtigen Schuß wegschlagen wollen. Holen Sie mit dem rückwärtigen Bein weit aus und – wumm! – schleudern Sie es mit aller Kraft nach vorne. Mit jedem Bein je zehn ›Schüsse‹ ausführen.

Nehmen Sie in jede Hand ein dickes Buch (oder einen Skischuh, einen gußeisernen Topf). Schwingen Sie im Stand die Arme wechselseitig vor und zurück bis jeweils in Schulterhöhe. Neigen Sie dabei allmählich Ihren Oberkörper mehr und mehr nach vorne, bis er waagrecht liegt. Schwingen Sie in dieser Lage weiter.

Legen Sie im Stand die Hände auf die Oberschenkel. Drücken Sie abwechselnd die linke und die rechte Hand fest gegen den jeweiligen Oberschenkel, als wollten Sie ihn zurückschieben. Nach außen ist kaum eine Bewegung bei dieser Übung zu sehen. Sie werden aber merken, wie sich jeweils die hintere Oberarmmuskulatur spannt (man nennt diese Art von Übung: isometrisches Training).

Koordinationsübungen

Halten Sie die Arme gestreckt senkrecht über den Kopf hoch, und gehen Sie ganz langsam vorwärts. Bei jedem Schritt führen Sie einen Armkreis vorwärts aus.

Wie vorher, jedoch rückwärts kreisen.

Gehen Sie etwas schneller, und machen Sie pro Armkreis zwei Schritte. Zuerst wieder vorwärts kreisen, dann rückwärts.

Gehen Sie wie eben vorwärts, und kreisen Sie mit den Armen vorwärts. Wechseln Sie, indem Sie in derselben Richtung weitergehen, mit den Armen ins Rückwärtskreisen. Nach ein paar Schritten wieder vorwärts kreisen. Lernen Sie, den Wechsel mühelos und fließend zur Beinarbeit zu koordinieren.

Wiederholen Sie alle Übungen, kreisen Sie aber diesmal mit den Armen versetzt, wie beim Kraulschwimmen. Während die rechte Hand oben ist, ist die linke unten; während die rechte vorn ist, ist die linke hinten.

Wiederholen Sie alle bisherigen Übungen im Rückwärtsgang.

Wiederholen Sie alle Übungen so, daß Sie diesmal die Richtung des jeweiligen Armkreisens beibehalten, jedoch zwischen Vor- und Zurücklaufen wechseln, z. B. Armkreisen und Vorwärtsgehen. Weiterhin mit den Armen vorwärts kreisen, aber rückwärts gehen.

Diese Übungen erscheinen auf den ersten Blick ganz simpel. Sie sind es aber nicht. Je variantenreicher Sie Arm- und Beinarbeit aufeinander abstimmen können, desto freier bewegen Sie sich auf Skiern.

Balancierübungen

Stellen Sie sich ohne Schuhe so auf eine Treppenkante, daß nur die Zehen und der halbe Ballen aufliegen (wenn Sie keine Treppe zum Üben haben, legen Sie einen großen Kochtopf mit der Öffnung nach unten auf den Boden oder nehmen Sie ein altes, dickes Buch). Heben und senken Sie die Fersen so ausgiebig wie möglich.

Heben Sie im Stand ein Bein leicht an, und halten Sie die Arme ausgebreitet wie eine Balancierstange. Federn Sie auf dem Standbein mehrmals in den Zehenstand. Setzen Sie beim Tiefgehen die Ferse nicht auf den Boden auf, sondern bremsen Sie kurz vorher die Bewegung ab.

Stellen Sie sich wie vorher hin, schwingen Sie das angehobene Bein kräftig vor und zurück (wie bei der Übung mit dem Ballschießen). Gehen Sie aber jedesmal, wenn das Schwungbein nach vorne oder hinten hochschwingt, gleichzeitig in den Zehenstand.

Wieder wie vorher hinstellen; lassen Sie jedoch diesmal die Arme herunterhängen. Neigen Sie den Oberkörper ein wenig nach vorne, und hüpfen Sie in ganz kleinen Sprüngen (höchstens 10–20 cm!) auf dem Ballen des Standbeines vorwärts.

Wieder auf einem Bein stehen, die Arme locker seitwärts halten. Schwingen Sie nun mit dem freien Bein ganz unregelmäßig in alle möglichen Richtungen (vorwärts, rückwärts, seitwärts, Vorwärtskreis, Rückwärtskreis, Achterkreis usw.). Versuchen Sie, so lange wie irgend möglich das Gleichgewicht zu halten.

Zur Abwechslung: ein paar Freizeitspiele

Verschiedene Spiele eignen sich hervorragend zur Vorbereitung (und nicht nur dafür!) für den Skilanglauf. Mit einem Vor- und Nachteil zugleich: Sie brauchen einen Partner. Was bei der Gymnastik leider fehlt, steht hier aber im Vordergrund: die Freude am Spiel. Alle diese Spiele können Sie zu Hause im Garten oder auf jeder Waldlichtung spielen. Die Spielfläche ist etwa 10 × 5 m. Achten Sie von Anfang darauf, daß Sie nicht auf ein und demselben Fleck wie angewurzelt stehenbleiben, sondern daß Sie sich ständig bewegen. Schnelle, kleine Schritte, vorwärts, seitwärts, rückwärts. Wenn Sie an zwei Stangen in Brusthöhe eine Schnur quer über die Mitte des Spielfeldes spannen, erhöht das den Spielreiz. Ziehen Sie jedoch keine Feldlinien, zählen Sie keine Fehler, und machen Sie keine Wettspiele. Sie verkrampfen sich dabei nur, außerdem kommt man dabei leicht in Streit. Spielen Sie um der Bewegung willen. Dann gibt es weder Verlierer noch Sieger. Beide freuen sich. Sonst ist doch immer einer ›sauer‹.

Federball. Sie alle kennen dieses Spiel. Schlagen Sie die Bälle nicht wie Raketen in den Himmel, sondern spielen Sie möglichst flach. So wird das Spiel schneller.

Flugball. Werfen Sie sich gegenseitig einen fußballgroßen Gummiball zu. Möglichst schnell fangen und zurückwerfen. Dabei nicht genau auf den Partner zielen. Mit jedem Fangen sollen Schritte verbunden werden. Wer im Ballspielen geübt ist, kann auch Faustball oder Volleyball spielen.

Ringtennis. Sie kennen sicherlich aus Ihrer Jugendzeit die suppentellergroßen hohlen Gummiringe. Wie beim Flugballspiel kann man sie sich in raschem Wechsel zuwerfen und auffangen.

Indiaca ist ein altes Spiel der Indianer. Noch ist es bei uns wenig bekannt. Der Indiacaball sieht wie ein großer, etwa 25 cm hoher Federball aus. Er wird ohne Schläger mit der flachen Hand hin und her geschlagen. Da dieses Spiel sehr schnell ist (es wird zunehmend von vielen Leichtathleten z. B. im Training gespielt), empfiehlt es sich für weniger geübte Spieler, sich den Indiacaball zunächst wie einen gewöhnlichen Ball zuzuwerfen und aufzufangen. Erst wenn man sich an die Fluggeschwindigkeit gewöhnt hat, sollte man zum Schlagen übergehen. Indiaca gehört zu den wenigen vom Deutschen Sportbund geprüften und empfohlenen Spiel- und Trimmgeräten. Sie können es in jedem guten Sportgeschäft kaufen.

Beach-Bat ist das Tennisspiel für jedermann. Die Schläger sind aus Holz und sind etwas größer als Tischtennisschläger. Gespielt wird mit einem alten Tennisball. Leider verspringen auf gewöhnlichem Rasen die Bälle zu sehr, und es macht wenig Spaß. Spielen Sie daher Beach-Bat als Flugballspiel. Auch Beach-Bat zählt zu den vom Deutschen Sportbund empfohlenen Spielgeräten.

DIE ENTWICKLUNG DES LANGLAUFMATERIALS

Die Ski

1962 gewann Karl Schranz bei der Weltmeisterschaft in Chamonix bereits auf einem Kunststoffski. Bei den Langläufern dauerte es 12 Jahre länger, bis sie auf dieses Material umsteigen konnten. Der Langlauf- und Fitneßboom erst machte die Langläufer für die Industrie interessant.

1974 noch wurden im Wettkampfsport Holzski mit Birkensohlen (Skandinavien) oder Hickorysohlen benutzt.

Diese Ski waren bruchanfällig und pflegeintensiv. Die Holzsohlen mußten regelmäßig mit Grundvalla (Teerflüssigkeit) imprägniert werden. Marktführer waren skandinavische Fabrikanten.

1974 bei den Langlauf-Weltmeisterschaften in Falun tauchten dann die ersten Kunststoffskier im Rennsport auf. Leicht, einfach zu pflegen und viel bruchsicherer.

1985 gibt's im Rennsport superleichte Rennski aus hochwertigen Kunststoffen mit Bienenwabenkonstruktionen. Verschiedene Beläge taugen für verschiedene Schneearten (transparente und Graphite-Beläge). Das bedeutet:

Drei verschiedene Rennski:

Pulverschneeski – Klisterski – Skatingski.

Während der Weltmeisterschaft 1985 in Seefeld wurde erstmals ohne Abstoßwachs gelaufen. Spezielle Skatingski, die nur noch mit Gleitwachs behandelt werden, und eine ›neue‹, dynamische Technik revolutionieren den Rennsport. Ehemals führende Nationen wie die UdSSR werden unter ›ferner liefen‹ klassiert. Die FIS, der Internationale Skiverband, versucht mit fragwürdigen Reglements, diese Weiterentwicklung zu bremsen oder in andere Bahnen zu lenken.

Doch auch Skiwanderer profitieren von den Erfahrungen im Rennsport und laufen heute auf leichten Wanderskiern mit mehrheitlich wachsfreien Belägen (Schuppenbelag).

Die Schuhe

1968 trugen die Läufer noch Lederschuhe mit Ledersohlen, die regelmäßig mit Leinöl behandelt werden mußten, damit sie geschmeidig und möglichst wasserdicht blieben.

Ab 1970 Einführung der Nordic-Norm; das heißt Schuh und Bindungsfabrikanten einigen sich auf eine Sohlennorm. Schuhe wurden mit einer Normsohle ausgerüstet (Gummi), die viel pflegeleichter und auch besser geeignet zum Gehen war.

1976 bringt adidas den Schnabelschuh auf den Markt. An der Olympiade in Innsbruck wurden russische und DDR-Läufer ›Opfer‹ dieser Neuentwicklung (Sohlenbrüche).

1978 bringen die ehemals führenden nordischen Schuh-Bindungsfabrikanten als ›Antwort‹ auf die adidas-Norm 38 die Norm 50 auf den Markt. In Mitteleuropa hat sich diese Norm aber nie richtig durchsetzen können.

1980 bringt Salomon nach intensiven Tests mit Weltklasseläufern die Salomon-Norm SNS auf den Markt. Diese Norm ermöglicht ein größeres Ausholen und vor allem eine bessere Skikontrolle. Verschiedene Schuhfabrikanten übernehmen die Salomon-Norm in Lizenz.

1985 bei der Seefeld-WM gewinnt Salomon fünf von sechs WM-Titeln. Bei den Herren acht von neun Medaillen. Salomon bringt eine Skating-Bindung auf den Markt und ist weltweit Nummer eins im Langlauf.

Die Stöcke

Ursprünglich:
Tonkinstöcke (große Bruchgefahr).

Rennsport heute:

Alustöcke bis	etwa	80,– Mark
Fiberglasstöcke bis	etwa	200,– Mark
Boronstöcke bis	etwa	300,– Mark

Touring:
Alu- oder Fiberglasstöcke.

Zukunft:
Die Weiterentwicklung des Rennsports wird eine Materialrevolution mit sich bringen. Es hängt im Moment stark von den Entscheidungen der FIS ab. Die Möglichkeiten im Rennsport sind vielfältig, zum Beispiel Rennen mit kurzen Ski ohne Stöcke (wie Eisschnelläufer), Rennen mit einem Stock und so weiter.

DER LANGLAUFSKI

Verschiedene Konstruktionen

Im wesentlichen werden heute zwei Konstruktionsarten verwendet. Die eine mit Holzkern, die andere mit Schaumstoffkern. Der Holzkern wird bei leichteren Skimodellen in der Regel mit Hohlkammern versehen. Vereinzelt werden auch Kombinationen von Schaum und Holz verwendet. Die übrigen Materialien sind hochwertige Glasfaserlaminate, Metall, ABS (Acrylbutadienstyrol) und Polyäthylen. Neuerdings werden auch geringe Mengen von Karbonfasern verwendet.

Auf der folgenden Seite ist auf der oberen Abbildung der Belag eines Nowax-Skis mit dem berühmten ›Kronenschliff‹ abgebildet.

Die untere Abbildung zeigt das Innenleben eines modernen, superleichten Langlaufskis, Modell 1985.

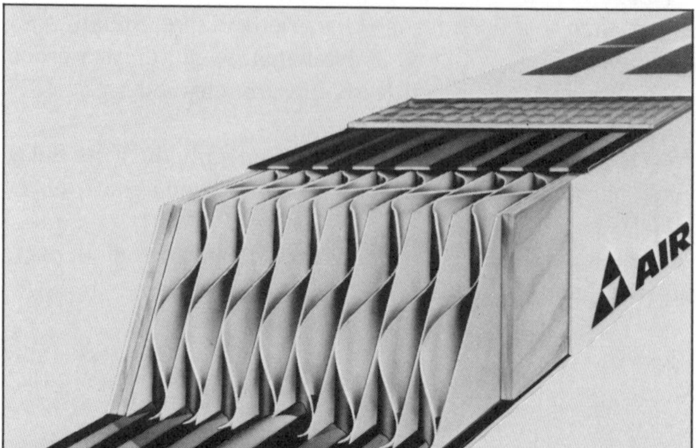
AIR

Zusammenhänge zwischen Konstruktion und Eigenschaften

Das Gebiet Material, Konstruktion und Eigenschaften hat sich in den letzten Jahren stürmisch entwickelt. Die persönlichen Erfahrungswerte von früher reichen für diese Zusammenhänge nicht mehr aus. Fast alle großen Skifabriken bedienen sich heute der modernen Physik und Mathematik sowie entsprechenden Rechenmodellen. So werden zum Beispiel bei einer Firma für die Bedürfnisse und Anforderungen, die eine Läuferkategorie (zum Beispiel Anfänger) stellt, ausgewählte Werte eingesetzt. Diese Werte dienen zur Berechnung eines Skimodelles. Man errechnet die Dicke der Glasfaserlaminate, die optimale Taillenkurve und wie dick der Ski an jeder Stelle sein muß, damit er die richtige Durchbiegelinie erreicht.

Diese Berechnungen dienen als Grundlage für die Auswahl des Materials, das dem Langlaufski die geplanten Eigenschaften gibt.

Der Weg zum Bau eines Langlaufskis ist also umgekehrt wie früher. Man braucht gute Eigenschaften nicht mehr dem Zufall zu überlassen.

Folgende vier Faktoren haben einen direkten Einfluß auf die Eigenschaften eines Langlaufskis:

a) Vorspannung

b) Flächendruckverteilung

c) Biegesteifigkeit oder Härte

d) Seitenform

Diese vier Faktoren werden nur beschränkt vom verwendeten Material beeinflußt. Viel mehr ist die Anordnung der verschiedenen Materialien entscheidend.

Sicher am wenigsten Einfluß hat das Kernmaterial. Es dient lediglich als Träger des Außenmantels und sorgt dafür, daß diese Außenmaterialien auf richtige Distanz gehalten werden. Die Wahl des Kernmaterials ist vor allem ein Gewichtsproblem.

Diese vier Einflußgrößen sind von Skikategorie zu Skikategorie verschieden. Sie können auch von Fabrikat zu Fabrikat verschieden sein. Zum Beispiel können ein Wanderski X und ein Wanderski Y verschiedene Spannungen aufweisen und dennoch die gleiche Flächendruckverteilung haben. In diesem Falle muß der Ski mit mehr Spannung weicher gebaut sein, um die gleichen Eigenschaften wie der andere Ski zu haben. So betrachtet ist es für uns Laien beinahe unmöglich, die direkten Zusammenhänge zwischen Konstruktion und verwendetem Material einerseits und den Auswirkungen auf die Eigenschaften andererseits zu beurteilen. Im Falle des Rennläufers zum Beispiel zählt geringes Gewicht, optimale Gleiteigenschaften, hohe Bruchsicherheit und zuverlässige Verarbeitung. Gerade in puncto Verarbeitung bietet Holz als Trägermaterial den Vorteil, daß es sich ohne Besonderheiten mit der Glasfaser einwandfrei verbinden läßt. Da wir also über Eigenschaften

Beispiel für einen modernen, leichten Rennski aus der Produktion 1985.

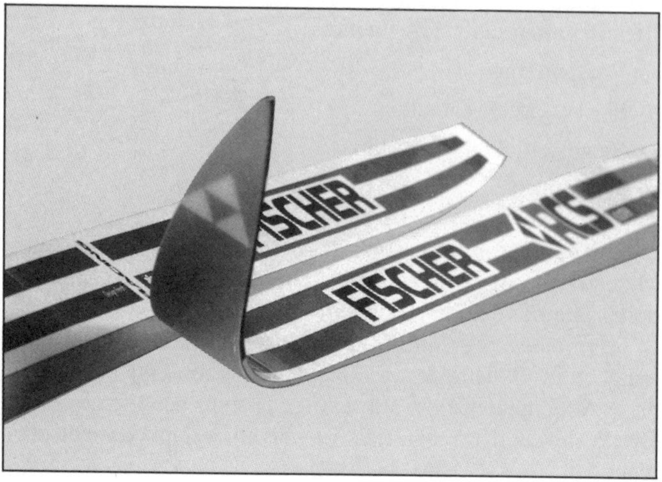

eines Skis auf die Daten und Angaben der Hersteller angewiesen sind, gilt es um so mehr beim Kauf, die richtige Wahl zu treffen. Ein Rennläufer zum Beispiel wird ein Produkt wählen, das an regionalen, nationalen und internationalen Rennen mit Erfolg benützt wurde. Für den Anfänger oder Skiwanderer zählen diese Erfolge nur sehr beschränkt. Es ist aber in jedem Falle ein Hinweis darauf, daß dieses Produkt einen guten technischen Standard aufweist.

Das Materialangebot für Volksläufer und Rennläufer umfaßt praktisch nur noch Wachsski. Es werden aber bereits für den Rennläufer Rennski mit Abstoßhilfen, speziell für Null-Grad-Verhältnisse, angeboten. Diese Skikategorie ist leichter und schmaler als die erste. Die Gewichte liegen zwischen 1,2 und 1,6 kg, die Breite beträgt etwa 46 mm.

DIE RICHTIGE WAHL DES RICHTIGEN SKIS

Voraussetzung für den vollen Genuß beim Skilanglauf ist die Wahl des richtigen Skis. Denn schon beim Kauf Ihrer Ski entscheidet sich, ob Sie später Schwierigkeiten mit dem Wachs, beim Aufstieg oder bei der Abfahrt, beim Gleiten und Beschleunigen bekommen.

All diese Probleme aber lassen sich bei der Wahl des richtigen Skis vermeiden.

Zunächst einmal der gute Rat: Finger weg von Ski mit Holzsohle. Diese sind total veraltet. Auch wenn diese Ski selbst heute noch in manchen Fachgeschäften geführt werden und auch im Inseratenteil vieler Zeitungen immer wieder auftauchen – sie sind tatsächlich der allerletzte Schnee von gestern, und Sie werden keinerlei Freude an diesen alten Holzbrettern haben.

Die modernen Ski, die Sie sich unbedingt zeigen lassen sollten, sind aus Kunststoff und haben einen P-tex-Belag. Das heißt: Diese Ski haben bereits eine gewisse Spannung. Was Sie, nebenbei bemerkt, selbst leicht nachprüfen können und auch sollten: Drücken Sie doch die beiden Langlaufski einmal in der Mitte zusammen. Ist dies leicht möglich, und strengt dies Ihre Muskeln überhaupt nicht an, dann hat der Ski auch keine richtige Spannung, liegt vielleicht schon seit vielen Monaten im Lager, wurde falsch behandelt oder gepreßt. Hände weg von diesen Langlauf-Ski.

Auf die Spannung kommt es an

Die neuen Langlaufski, egal welcher Marke, haben eine interne Spannung. Das heißt: Jeder Ski liegt vorne und hinten auf, in der Mitte (im Bindungsbereich) hebt er sich deutlich von einer geraden Unterlage ab.

Was bedeutet dies nun für den Langläufer?

Vorn und hinten liegen die Ski auch in der Loipe auf. Und diese Zonen nennt man die Gleitzonen.

In der Mitte des Skis, also im Bindungsbereich, hebt sich der Ski von der Schneeunterlage ab. Und diese Zone nennt man Abstoßzone.

Diese Abstoßzone kommt nur bei entsprechender Gewichtsverlagerung und entsprechendem Druck mit dem Schnee in Berührung – exakt dann nämlich, wenn Sie abstoßen. Sicher werden sich viele Neulinge in Sachen ›Langlaufski‹ wundern, wieviel Bedeutung die Technik bei der an sich doch so einfachen ›Fahrweise‹ zukommt.

Tatsächlich aber hat sich in den letzten Jahren im Bereich der Skientwicklung sehr viel getan. Nicht nur bei den wesentlich spektakuläreren Abfahrtsski. Man erinnere sich nur an das Aufkommen des ›Lochs in der Skispitze‹, mit dem plötzlich Rennläufer wesentlich ruhiger gleiten sollten. Auch bei den Langlaufski ist die Entwicklung nicht stehengeblieben. Nur hat sich hier der Wandel von den alten Holzbrettern und den langen, steifen Holzstöcken zu eleganten, leicht transportierbaren und gelenkschonenden Materialien eher im geheimen vollzogen. Denn erst seit das Fernsehen auch die Langläufe, die Biathlon-Wettkämpfe und berühmte Strecken wie den Wasalauf oder den Engadiner Skimarathon live überträgt, dringt die herrlichste Nebensache der Welt, der Skilanglauf, immer mehr ins Bewußtsein der Bevölkerung.

Kein Wunder, daß heute schon die Produktion der Langlaufski einen beträchtlichen, bei vielen Unternehmen gar den Hauptteil des Umsatzes ausmacht.

Daß allerdings auch hier die Spreu vom Weizen zu trennen ist, versteht sich: Leider sind die meisten Verkäufer in den

Sportgeschäften nur ›Laien-Langläufer‹. Sie sind Freaks auf den Pisten. Die wenigsten sind tiefschneesicher. Nur der geringste Teil darf sich rühmen, auch abseits der Pisten und Lifte sicher und bewußt zu fahren.

Unten:
Das sind die neuen Wander- oder Touringski: Von oben nach unten: Wachs- und Nowax-Ski.

Rechts oben:
Das sind die brandneuen Rennski: Von oben nach unten handelt es sich um: Pulverski, Klisterski und Nowax-Ski.

Rechts unten:
Das sind die erst seit zwei Jahren eingesetzten Skatingski für den Rennbetrieb. Sie werden zum Siitonen-Schritt verwandt und werden nur mit Gleitwachs gelaufen.

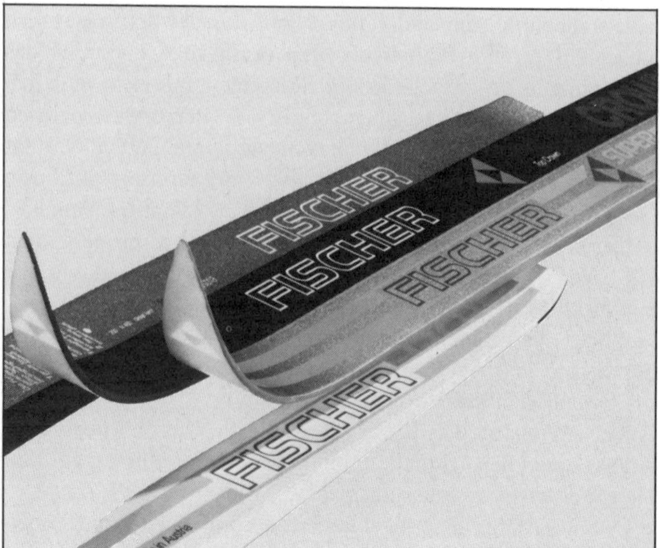

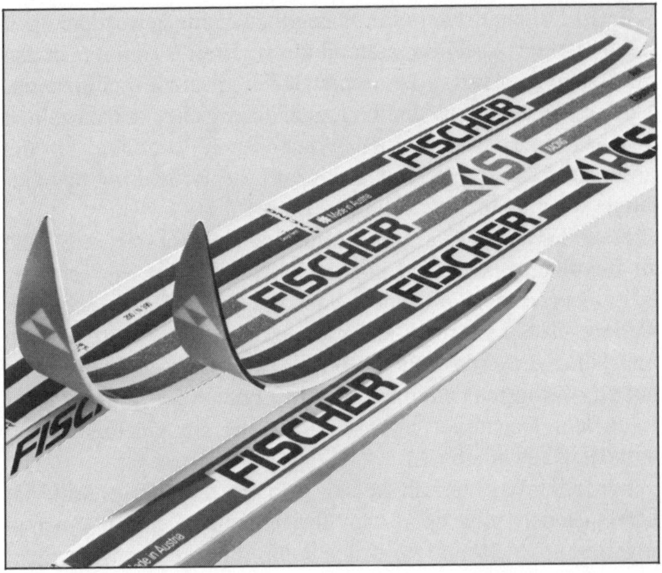
FISCHER
SL
RCS
FISCHER
FISCHER
FISCHER
FISCHER

FISCHER
RCS
SKATING WM
FISCHER
FISCHER
FISCHER
AIR
SKATING WM
GRAPHITE
FISCHER

So ist Langlauf zwar eine Massenbewegung geworden, doch häufig ist der Ausbildungsstand der meisten Verkäufer in den Sport-Fachgeschäften als ›schlecht bis mies‹ zu qualifizieren. Die wenigsten wissen den Unterschied zwischen den einzelnen Wachsarten, den einzelnen Wachssorten, bezogen auf die unterschiedlichsten Schneearten und die Bedeutung der Skilänge auf die einzelnen Benutzer.

Denn es ist ein gewaltiger Unterschied, ob Sie statt Ihre Füße zu benutzen einen Spaziergang im Schnee (sprich: in einer bestens präparierten Loipe) zum nächsten Café unternehmen wollen, ob Sie sportlich-ambitioniert bergauf, bergab Pfunde und Kilos verlieren wollen – oder, ob Sie sich als Ziel gesetzt haben, wenigstens einmal in Ihrem Leben am König-Ludwig-Lauf, am Engadiner Skimarathon oder an einem anderen Volkslauf teilzunehmen.

Für jeden Wunsch hält die Ski-Industrie das richtige Material bereit. Doch gibt es – wie übrigens beim Surfen auch – sogenannte ›Allrounder‹. Auch wenn dies die Industrie nicht gerne hört: Mit ein und demselben Ski können Sie sehr wohl von Café zu Café ›gehen‹ oder an einem kleinen Volkslauf teilnehmen. Das Gerede von dem ›Spezial-Ski‹ ist oft schlichtes Verkäufer-Latein.

Was für die Ski gilt, gilt natürlich auch für die sonstige Ausrüstung wie Schuhe, Bindung und Anzug. Doch dazu später. Zumal sich hier in den letzten Jahren wahrhaft Revolutionäres getan hat.

Kein Langläufer muß sich heute mehr schämen, wie ein ›Bundesgrenzschützer‹ in Einheitsgrün daherzulaufen: Es gibt Pop und Pep in allen Farben.

Keiner muß sich auch mehr mit den Bindungen ärgern, die einst aus zwei Federn bestanden und stets und ständig Anlaß zu neuem Ärger gaben: Es gibt Bindungen und Schuhe für wirklich jeden Langläufer.

Und – kein Langläufer ist mehr gezwungen, seine Füße in einem Café oder einer Hütte an einem Feuer zu wärmen, nur weil die Schuhe plitschnaß sind und den fröhlichen Sport zur eiskalten Tortur machten.

Die unterschiedlichen Läuferkategorien

Grundsätzlich werden heute zwei Skiarten angeboten. Der Wachsski und der Nowax-Ski. In beiden Kategorien findet man Ski für den Anfänger sowie auch für den Fortgeschrittenen und den Könner. Das Marktangebot ist praktisch lückenlos abgestimmt auf die verschiedensten Bedürfnisse und Ansprüche aller Läuferkategorien.

Die Wahl eines Langlaufskis zerfällt in zwei Teile:
1. Modell
2. Skilänge und Skihärte

Zielgruppeneinteilung nach Normvorschlag

Zielgruppe, Kennbuchstabe	Können des Skiläufers	Gelände, Spur	Leistung und Motivation des Skiläufers
S	beherrscht alle Lauftechniken, schnell und ausdauernd	gut präparierte Spur, keine Einschränkung bezüglich Schwierigkeiten	leistungssportlich orientiert
A	beherrscht die wesentlichen Lauftechniken ausdauernd	gut präparierte Spur, mittlere Schwierigkeiten	sportlich orientiert
L	beherrscht geringe Lauftechnik, Können reicht nicht für Abfahrten	vorwiegend präparierte Spur in leichtem (möglichst flachem) Gelände	freizeitsportlich orientiert, gesundheitlich motiviert
W	geländeabhängig, bis zur Beherrschung der wesentlichen Langlauftechniken	vorwiegend leichtes bis mittelschweres Gelände, abseits präparierter Langlaufspuren	Wandern, Naturerlebnis

Skitypen und ihre Eigenschaften

Skityp	Neigung des Langläufers/Geeignet für Schneeart
Schuppenski	Anwendung in Gebieten mit häufigem Wechsel der Schneebeschaffenheit. Gute Gleit- und Steigeigenschaften in den meisten Schneesorten. Ski erzeugen bei Abfahrten mehr oder weniger laute Geräusche. Sind auf griffige Schneesorten angewiesen. Bei stark vereisten Spuren sind die Steigeigenschaften in der Regel nicht so gut wie beim Fellski. Dafür ist die Gleiteigenschaft besser. Ideal für den Anfänger. Nicht vorbehaltlos geeignet bei Pulverschnee.
Fellski	Gleicher Anwendungsbereich wie Schuppenski. Bei Wechselschnee (Pulverschnee–Naßschnee) kann Stollenbildung an den Fellski haften. Beheben mit Silberparaffin! Ideal für Anfänger.
Wachsski	Der Ski kann durch Wachsauftrag allen Schneeverhältnissen angepaßt werden.
	In der Regel sind alle diese Ski 50–55 mm breit und haben ein Gewicht von rund 1,7–2,2 kg ohne Bindung.

Läufergewicht, Laufstil und Kondition

Diese drei Punkte sind bei der Skiwahl zu beachten:

1. Das Läufergewicht

Neben dem Körpergewicht ist die richtige Auswahl bezüglich Spannung durch spezielle Tests feststellbar.

Papiertest: Wir legen ein Paar Ski auf eine ebene, feste Unterlage. Der Läufer wird mit dem Ballen auf das ausgewogene Mittel des Skis gestellt. Ein Blatt Papier soll mit leichtem Widerstand bei beidbeiniger Belastung unter dem Ski herausgezogen werden können.

Handtest: Der Läufer versucht, ein Paar Ski im Mittelbereich zusammenzudrücken. Der Ski soll nicht voll ausgedrückt werden können, es soll ein kleiner Restspalt verbleiben. Dies ist jedoch eine sehr ungenaue Auswahlmethode, da eine Person mit geringerem Körpergewicht über eine größere Armkraft verfügen kann als eine Person mit mehr Körpergewicht.

Testmaschinen: Es gibt verschiedene Typen von Testmaschinen, Endprodukt aller ist die Feststellung der Restspannung bei beidbeiniger Belastung der Ski. Nicht festgestellt werden können allerdings die beiden wichtigen Kriterien – Laufstil und Kondition –, die sehr zur Anpassung des richtigen Skimaterials für den Läufer beitragen.

2. Der Laufstil

Sehr wesentlich ist jedoch der Laufstil beziehungsweise die Lauftechnik bei der Skiauswahl. Aufrechter Laufstil erlaubt etwas härtere Ski, da der Druck direkt auf den Ski umgesetzt wird. Mehr Vorlage beim Laufstil – weichere Ski.

3. Kondition

Rennläufer haben höhere Abstoßkräfte als sportliche Hobbyläufer, daher unterschiedliche Härte der Ski bei gleichem Körpergewicht.

Länge und Härte

Die Wahl der richtigen Skilänge und der richtigen Härte ist entscheidend, wenn der Ski nachher passen soll.

Die Skilänge für jede Käuferkategorie sollte 30–35 cm über der Körpergröße gewählt werden. Als weiteres Maß kann bei guten Läufern die Handwurzel des hochgestreckten Armes angenommen werden. Das Entscheidendste bei der Wahl des Langlaufskis ist die Härte. Die richtige Härte ergibt sich aus dem Gewicht und der Abstoßkraft des Läufers. Zu harte Ski haben eine schlechte Abstoßfähigkeit, zu weiche Ski verlieren schnell das Wachs. Je schwerer der Läufer ist, desto steifer soll der Ski sein.

Die Abstoßfähigkeit kann man ungefähr von der Läuferkategorie ableiten. Man kann sicher annehmen, daß der Anfänger und der Skiwanderer einen weniger guten Abstoß auf seine Ski bringt, als der Volksläufer oder der Rennläufer. Dieser Tatsache wird beim Bau von guten Langlaufski Rechnung getragen. Man baut also Fell-, Schuppen- und Wachsski für den Anfänger und Skiwanderer sicher etwas weicher als Rennski. Der Unterschied zeigt sich in der Restspannung. Bei einem Rennski zum Beispiel braucht man einen wesentlich größeren Kraftaufwand, um die Laufflächen auch im Bindungsbereich vollständig aufeinanderzupressen, als bei einem Fell- oder Schuppenski. Die größere Abstoßkraft des Rennläufers ist berücksichtigt.

Auf diese Art ist ein Langlaufski zumindest von der technischen Seite her richtig gewählt. In den Bereich der Modell-, Längen- und Härten-Wahl gehören auch noch einige Überlegungen über einzelne Skigruppen.

Längenempfehlung

Länge

Körpergröße — Körpergewicht

Um eine gute Richtungsstabilität beim Laufen zu erreichen, muß der Ski die erforderliche Länge haben. Körpergröße sowie Körpergewicht sind dafür entscheidend.

1. Kleine Personen mit höherem Körpergewicht benötigen etwas längere Ski, als laut nachstehender Tabelle vorgegeben, um den Druck des Eigengewichtes auf den Ski besser zu verteilen.

2. Bei größeren Personen mit geringem Eigengewicht ist nach der vorgegebenen Längenempfehlung auszuwählen.

Faustregel:
Bei ausgestrecktem Arm soll die Skispitze bis zum Beginn des Handballens reichen.

Unverbindliche Längenempfehlung:

Damen

Rennläufer Sportliche Läufer	Körpergröße + 25 bis 30 cm
Tourenläufer	Körpergröße + 20 bis 25 cm

Herren

Rennläufer Sportliche Läufer	Körpergröße + 30 bis 35 cm
Tourenläufer	Körpergröße + 25 bis 30 cm

Der Schuppen- oder Nowax-Ski

Ohne den richtigen Ski läuft auch beim Langlauf nichts mehr. Vorbei jedenfalls sind die Zeiten, in denen Wachskünstler die Loipen beherrschten und kühn durch unberührte Landschaften stürmten.

Heute macht auch die Industrie nicht mit ihren Rennski das ganz große Geschäft, sondern mit den Ski, die für eine große Allgemeinheit geeignet sind. Und die meisten Langläufer interessieren sich weder für viel Technik noch für Ski-Eigenheiten. Ganz im Gegenteil: Sie wollen ihre Ski vom Autodach nehmen, anschnallen und sich dann in frischer, freier Natur erholen. Ob sie damit den Siitonen-Schritt beherrschen lernen oder den Doppelstockschub mit Zwischenstep – das alles spielt keine Rolle für die meisten Langläufer.

Und genau für dieses Zielpublikum ist der Schuppenski geeignet. Daß der Schuppenski auch Nowax-Ski heißt, hat seinen Grund darin, daß dieser Ski nicht gewachst werden muß.

Und Hand aufs Herz: Wer von den vielen Millionen Langläufern, die an sonnigen Wintertagen durch den Harz, den Schwarzwald oder das Voralpenland ihre Runden ziehen, möchte sich tatsächlich mit den Geheimnissen des Wachsens befassen? Wer ehrlich ist, gesteht: Ich nicht. Denn tatsächlich ist das Wachsen eine Wissenschaft für sich.

Der Nowax- oder Schuppenski ist also der ideale Gebrauchsski für jedermann. Auch wenn wir zugeben müssen, daß natürlich der gewachste Ski dem Nowax-Ski überlegen ist: Er ist schneller und gleitet rasanter.

Zurück zum Schuppenski: Der Belag des Schuppenskis gleicht heute dem Schuppenmuster von Fischen. Die Schuppen sind nach hinten halbkreisförmig und überlappend angeordnet. Der Vorteil dieser Schuppenski liegt auf der Hand. Der Läufer drückt mit seinem Gewicht beim Abstoßen die Ski in den Schnee. Die Schuppen verkrallen sich in den Schnee, rutschen also nicht nach hinten weg, geben somit dem Läufer die nötige Stabilität, sich nach vorne abzustoßen und somit die Gleitbewegung mit dem anderen, nicht belasteten Ski auszuführen.

Seit die Industrie den ersten Nowax-Ski der Öffentlichkeit vorstellte (1977), hat sich natürlich eine rasante Entwicklung ergeben: Heute konkurrieren viele Firmen mit ganz unterschiedlichen Schuppen-Anreihungen. Da gibt es ›positive‹ Schuppen, die nach hinten angeordnet sind; da gibt es Nowax-Ski mit ›negativer‹ Sohlenstruktur. Darunter versteht man nun Schuppen, die durch nach innen ausgefräste Vertiefungen versetzt sind. Und da gibt es natürlich die unterschiedlichsten Schliffarten, unter denen der ›positive‹ Kronenschliff derzeit der bekannteste ist.

Ein Tip noch zu den Schuppen- oder Nowax-Ski: Ist der Schnee in der Loipe sehr hart gefroren, dann rutscht der ungeübte Läufer mit einem Schuppen- oder Nowax-Ski sehr leicht nach hinten weg, da sich die Schuppen nicht voll in den Schnee einkrallen können.

Ist hingegen Neuschnee gefallen oder bewegen sich die Temperaturen um den Gefrierpunkt, dann hat der wachsfreie Schuppenski sehr große Vorteile gegenüber dem Wachsski. Denn nun können sich die Schuppen voll in den Schnee beißen und dem Läufer so die nötige Abstoßsicherheit geben.

Trotzdem sei bemerkt: Für den Anfänger oder den weniger Geübten ist der Schuppen- oder Nowax-Ski dem Wachsski ganz klar vorzuziehen. Der Geübtere wird immer zum Wachsski greifen, da ihm hier Spielraum zur eigenen Weiterentwicklung bleibt.

Fellski

Auf dem Sektor Fellski werden heute die verschiedensten Variationen angeboten. Fanden sie früher praktisch nur für den Anfänger und Skiwanderer Verwendung, gibt es sie heute auch für den Rennläufer.

Im Wanderski-Bereich gibt es Fellski mit ganz unterschiedlichen Fell-Längen. Sie schwanken zwischen zirka 40–70 cm. In der Regel steigt ein Ski mit langen Felleinsätzen besser. Bei einem Ski mit kurzen Fellstreifen muß die Spannungsverteilung auf die kurzen Fellstreifen abgestimmt sein, und die Auswahl der Härte muß absolut genau erfolgen.

Rennski mit Abstoßhilfen sind speziell für den Einsatz bei Null-Grad-Verhältnissen gemacht, für Verhältnisse, bei denen der Rennläufer manchmal vor fast unlösbare Probleme gestellt wird. Die Auswahl der Skihärte muß bei diesen Spezialmodellen genau nach Körpergewicht und Abstoßvermögen ausgewählt werden.

Wachsski

Wachsski werden für alle vier Läuferkategorien angeboten. Robustere, schwerere Ski für Anfänger und Skiwanderer, leichte und superleichte Ski für Volksläufer und Rennläufer. Es ist klar, daß Rennski empfindlicher auf mechanische Abnützung reagieren als ein Ski für den Anfänger. Wegen des geringen Gewichtes, das der Rennläufer verlangt, muß Material gespart werden. Ein Volks- oder Rennläufer wird sich also überlegen, ob er seine Rennski auch für das Training benutzen soll.

CHECKLISTE
FÜR DEN SKI-KAUF

- Gehen Sie nur in ein anerkanntes Fachgeschäft.
- Lassen Sie sich nur von einem Fachmann beraten – nicht aber beschwätzen.
- Wiegen Sie sich vorher genau auf Ihrer Waage – aber ohne sich selbst zu beschwindeln.
- Lassen Sie sich zunächst das beste und eventuell auch teuerste Modell zeigen – ohne es gleich zu kaufen.
- Prüfen Sie die Spannung der Ski – vor dem Kauf.
- Stellen Sie sich mit beiden Beinen auf die Ski – aber nicht auf einen Teppich, nicht auf einen Teppichboden im Geschäft, sondern auf eine glatte Unterlage.
- Verteilen Sie Ihr Gewicht nun gleichmäßig auf die beiden Ski.
- Nun muß der Verkäufer, sofern er ein Fachmann ist, ein etwa zwei Millimeter dickes Kärtchen mühelos im Bindungsbereich, also etwa 40 bis 50 Zentimeter um die Mitte des Skis, durchschieben können. Klappt dies nicht: Hände weg vom Ski. Dem Ski fehlt die richtige Spannung.
- Verlagern Sie jetzt Ihr ganzes Gewicht auf einen Ski. Jetzt muß das etwa zwei Millimeter dicke Kärtchen blockiert sein, darf sich nicht mehr bewegen lassen. Läßt sich das Kärtchen auch weiterhin hin und her schieben, stimmt etwas nicht am Ski, der dann vielleicht für Ihr Gewicht nicht richtig ist.
- Testen Sie nun auch den zweiten Ski mit dem ›Kärtchen-Test‹. Fällt dieser Test negativ aus, sind vielleicht die beiden Ski nicht kongruent, nicht genau gleich. Und ist dies der Fall: Hände weg. Sie werden nicht glücklich damit.

SKISTÖCKE

Das Materialangebot bei den Langlaufstöcken reicht von Tonkin über Fiberglas bis Metall. Wichtig sind geringes Gewicht und hohe Bruchsicherheit. Vor allem wegen der höheren Bruchsicherheit ist der Verkauf an Metall- und Fiberglas-Stöcken in den letzten Jahren stark gestiegen.

Die Stocklänge soll nach einer Grobnorm, rund 30–35 cm unter der Körpergröße liegen. Selbstverständlich muß die körperliche Konstitution eines Läufers (kräftiger Athlet, längere Stöcke) berücksichtigt werden. Rennläufer verwenden vorwiegend Carbonstöcke.

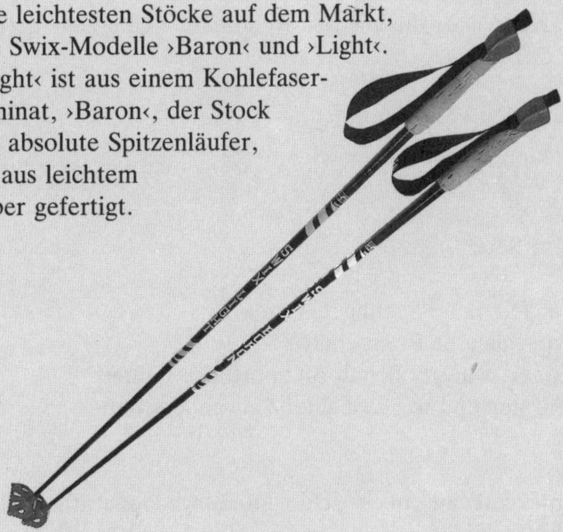

Die leichtesten Stöcke auf dem Markt, die Swix-Modelle ›Baron‹ und ›Light‹. ›Light‹ ist aus einem Kohlefaserlaminat, ›Baron‹, der Stock für absolute Spitzenläufer, ist aus leichtem Fiber gefertigt.

LANGLAUFSCHUHE

Langlaufschuhe werden heute in Leder, Nylon und Gummi angeboten. Für die Wahl ist sicher der Verwendungszweck entscheidend. Anfänger oder Skiwanderer werden einen festeren Schuh, eventuell mit hohem Schaft, wählen. Bei mehrheitlich kalten und trockenen Verhältnissen ist ein Schuh mit einem guten Oberleder zu empfehlen. In Regionen mit sehr viel Naßschnee ist sicher ein wasserdichter Schuh mit guter Fütterung von Vorteil.

Rennläufer wählen leichte Schuhe. Entweder aus leichtem Leder oder aus Nylon. Für längere Läufe werden bei Nässe oder Kälte über die leichten Rennschuhe Überzüge getragen.

Rechte Seite

Oben: Die neue Schuhgeneration
1. Superleichter Rennschuh
2. Hoher, warmer Schuh für sportliche Läufer
3. Warmer und wasserdichter Skiwanderschuh

Unten:
Beispiel für die neue Schuh-Bindungs-Generation: Schuh-Bindungseinheit mit integrierter Führungsrille für optimale Skikontrolle bei Aufstieg und Abfahrt.

1

2

3

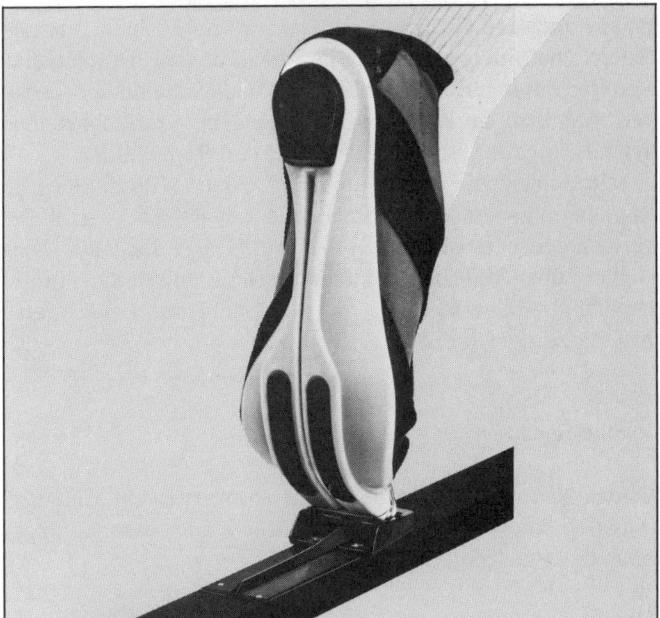

LANGLAUF-BINDUNGEN

Die Langlaufbindungen sind zusammen mit den Schuhsohlen weitgehend genormt. Am besten wählt man eine Bindung, die sich leicht öffnen und schließen läßt. Die neueste Entwicklung auf diesem Sektor ist die sogenannte Schnabelbindung, das heißt die Schuhsohle läuft schnabelartig über die Fußspitze hinaus und wird auf dem Ski mit einer sehr leichten Bindung fixiert. Die Bindung ist kaum breiter als der Ski. Durch dieses System vermindert sich der seitliche Widerstand in der Loipe, den breitere, herkömmliche Bindungen verursachen. Die Schnabelbindung ist abgestimmt auf den Rennläufer.

Dem Langläufer wird heute eine Vielfalt an Produkten und Marken angeboten. Entsprechend groß ist die Anzahl der verschiedenen technischen Lösungen. Die vorliegende Darstellung über Material und Skibautechnik und deren Zusammenhänge soll mithelfen, die Auswahl Ihrer Langlaufausrüstung zu erleichtern.

Rechte Seite

Oben: Neue Wanderbindung mit automatischem Ein- und Ausstieg. Die Führungsplatte ermöglicht auch dem Anfänger schnell ein gleichmäßiges Gleiten.

Unten:
Neue Bindung mit Führungsrille.

Bindungsmontage

Auf einer Linealkante wird bei einem Ski die Gewichtsmitte ermittelt. Ist der Ski ausbalanciert, markiert man diesen Punkt genau und überträgt ihn auf den zweiten Ski. Diese Markierung dient zum Ansetzen der Montage-Lehre. Nun können die Löcher nach Vorschrift des Bindungs- und Skiherstellers gebohrt werden. Die Schrauben sollten mit einem guten Klebstoff geleimt werden. Nachher werden, angepaßt an die Schuhgröße, die Absatzplatten montiert.

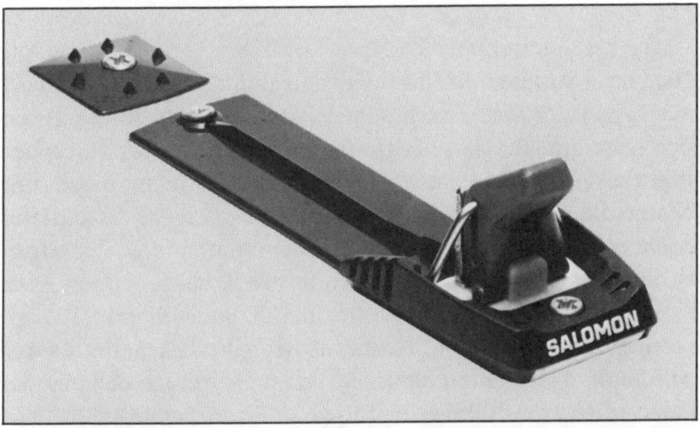

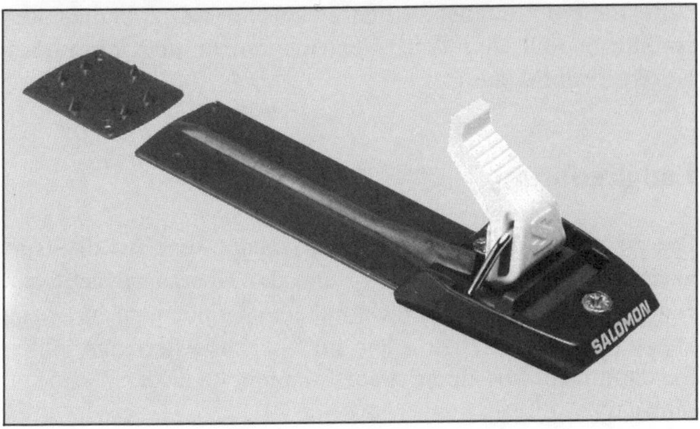

SO SIND SIE RICHTIG ANGEZOGEN

Die Unterwäsche soll schweißaufsaugend sein und den Schweiß möglichst von innen nach außen leiten. Netzstoffe bewähren sich sehr gut, da sie gleichzeitig für eine gute Belüftung der Haut sorgen. Unter dem Laufanzug sollten Sie am besten ein baumwollenes Pullihemd mit Rollkragen tragen. Es darf jedoch nicht zu kurz sein und Ihnen hinten aus der Hose herausrutschen. Unterkühlungen in der Kreuzgegend müssen Sie unter allen Umständen vermeiden. Durchgehende Anzüge verringern das Problem. Grundsätzlich gilt, daß mehrere dünne Kleidungsschichten besser isolieren als wenige dicke. Also keine schweren Pullover, keine gefütterten Anoraks.

Bei kaltem Wetter sollte man eine wollene Zipfelmütze oder ein Stirnband tragen. Auch wenn man meint, man käme ohne Kopfbedeckung aus.

Langlaufanzug

Die ziemlich eng anliegenden Laufanzüge sind aus dichtem, leichtem Stoff gefertigt. Der Bund der Hose darf nicht einengen. Sie brauchen sich nicht unbedingt einen ganzen Anzug anzuschaffen. Die Hose allein tut es auch. Allerdings sollten Sie dann nicht mit einem Anorak laufen, da er die Wärme zu sehr aufstaut.

Langläufer tragen daneben auch immer häufiger den einteiligen Anzug, der den Vorteil hat, daß keine Zugluft an den Körper kommt oder bei einem Sturz Schnee oder Nässe. Die Zeiten, in denen Langläufer von der Mode sehr stiefmütterlich behandelt wurden, sind vorbei: Jede große Skimodenfirma bietet ein umfassendes modisches Programm an – auch für die Junioren.

Langläufer sollten aber nicht nur auf modische Tribute achten. Besonders wichtig ist gute Unterwäsche, die vor allem schweißaufsaugend sein sollte. Bei den neuesten Modellen wird durch ein besonderes Material der Schweiß von innen nach außen geleitet.

Langlaufhandschuhe

Auch sie sind nicht unbedingt notwendig, jedoch sehr empfehlenswert. Normale Handschuhe verschleißen zu schnell. Vor allem an der kritischen Stelle zwischen Daumen und Zeigefinger. Laufhandschuhe sind aus dünnem, leichtem Material gefertigt. Der Handrücken ist zur besseren Atmungsaktivität teilweise offen oder durchlöchert (ähnlich wie bei Autofahrerhandschuhen).

Langlaufstrümpfe

Langlaufstrümpfe unterscheiden sich von gewöhnlichen Kniestrümpfen durch ihre längere Stulpe oberhalb des Gummibandes. Sie soll verhindern, daß die Strümpfe während des Laufs aus dem Bund der Kniehose rutschen. Richten Sie besonderes Augenmerk darauf, daß die Strümpfe am Fuß genau sitzen. Eine Faltenbildung im Schuh macht sich äußerst unangenehm bemerkbar. Meistens spürt man die Blasen genau dann, wenn man am weitesten vom Ausgangspunkt entfernt ist. Der Rückweg ist dann sehr leidvoll und macht wenig Spaß (höchstens den anderen).

SO WACHSEN SIE RICHTIG

Gleitzone wachsen

Auf sauber gereinigte Gleitfläche ein Gleitzonenwachs auftragen (mit Brenner auftropfen), die Abstoßzone auslassen; mit dem Bügeleisen (200°) das Gleitwachs gründlich in die Lauffläche einbügeln; erkalten lassen; Gleitwachs mit Plastik- oder Metallklinge vorsichtig und gleichmäßig abziehen; das verbliebene Gleitwachs gründlich polieren (am besten mit einer Damenstrumpfhose).

Das Gleitzonenwachs hält lange – nur Rennläufer erneuern es nach jedem Lauf, und sie tragen auch je nach Temperatur verschiedene Gleitwachse auf. Aber der Normalläufer merkt überhaupt keinen Unterschied – ein hartes Gleitwachs genügt ihm für alle Verhältnisse.

Wie trägt man die Abstoßwachse auf?

Grundsätzlich immer auf sauber gereinigte Ski (Wachsreste, besonders Klister, können zu stumpfen Ski und Stollenbildung führen).

Wenn Sie tagelang bei gleichbleibenden Schnee- und Temperaturverhältnissen laufen, genügt natürlich nachwachsen; wärmeres Wachs kann auf kälteres aufgetragen werden – dieses dient dann als Haft(Grund)wachs.

Aber tragen Sie *nie* kälteres Wachs auf wärmeres auf.

1. Trockenwachs
In dünnen Schichten in Laufrichtung ohne großen Druck auftragen, Knöllchen (sogenannte ›Sugus‹) abkratzen, jede Schicht einzeln gut verkorken oder verbügeln (höchstens 150°) gemäß Wachstabelle. Je länger die Laufdistanz und je härter und aggressiver der Schnee, desto mehr Wachs brauchen Sie – oder Sie wachsen unterwegs nach.

2. Klisterwachs
Quer zur Laufrichtung in dünnen Streifen auftragen, *nicht* Tupfen auftragen – sie sind schwieriger zu verteilen. Bei zähen Klistern (tiefen Temperaturen) Tube *ohne* Deckel leicht am Brenner erwärmen. Den aufgetragenen Klister leicht erwärmen und mit Daumen, Handballen oder Spachtel gleichmäßig glatt verteilen.

3. Klister trocken abdecken
Den glatt verteilten Klister erkalten lassen (nicht in den Schnee legen), das Trockenwachs am Brenner leicht erwärmen und ohne großen Druck auf den Klister auftragen. Mit dem Bügeleisen (höchstens 100°) vorsichtig verbügeln, eventuell mehrere Schichten auftragen. Nicht verkorken, nur verbügeln.

4. Wachsmenge
Dünn heißt: bei Trockenwachs eine Schicht, die die ganze Abstoßzone gleichmäßig bedeckt; bei Klisterwachs: etwa soviel wie eine Schneckenspur (notfalls den Rest mit Brenner und fusselfreiem Lappen wieder entfernen).

Faustregel: Nachwachsen ist viel einfacher, als zuviel Wachs wieder entfernen.

Abstoßzone wachsen

1. Schneeart bestimmen: Neuschnee, Altschnee, Pulver, körniger Schnee, Eis, glatter marmoriger Schnee usw.

2. Temperatur messen: direkt auf dem Schnee, aber nicht an der Sonne.

3. Schneefeuchtigkeit prüfen: mit der Hand – im Handschuh – Schnee zusammenpressen (ballig? pulverig wie Staub? Tropft Wasser aus dem Schneeball?)

4. Wetterentwicklung und Loipenverhältnisse berücksichtigen: wird es wärmer, weil die Sonne kommt oder Föhn droht? Führt die Loipe durch schattigen Wald (vereiste Stellen, tropfende Bäume)? Große Höhenunterschiede (und damit Temperaturunterschiede)? Starke Steigungen...?

5. Gemäß Wachstabelle in der Abstoßzone (Bindungsbereich) Haftwachs (Grundwachs) auf die saubere Lauffläche auftragen und darauf Laufwachs (Abstoßwachs) auf das Haftwachs. Bei der Dosierung des Abstoßwachses auch das Loipenprofil, die Loipenlänge und die eigenen läuferischen Fähigkeiten (Kraft) berücksichtigen.

6. Ski einlaufen: etwa einen Kilometer – erst dann ›stimmt‹ die Abstoßwirkung. Richtig gewachst haben Sie, wenn Sie *ohne* Stockeinsatz im Diagonalschritt einen sauberen Abstoß verspüren. Wenn Sie nicht richtig abstoßen können, sondern nach hinten ausrutschen, sind die Ski ›spitz‹, wenn die Ski ›harzen‹, kaum gleiten, sind sie ›stumpf‹.

7. Bei zu spitzen Ski: nachwachsen gemäß Wachstabelle; bei zu stumpfen Ski: Wachs nachglätten, eventuell mit Abfahrtswachs (Paraffin) überdecken; bei Stollenbildung: Wachs entfernen, mit kälterem Wachs neu wachsen.

8. Korrekturwachse mitnehmen (immer!), und ab auf die Loipe: gut Spur!

Zwei wichtige Tips für unterwegs

Wenn die Ski stumpf werden, das Abstoßwachs ›anpackt‹ und zu Stollenbildung neigt, die Ski *nicht* anheben, sondern beginnende Stollen bei der Gleitphase abschlagen. Wenn umgekehrt die Ski zu spitz sind, der Abstoß ungenügend wird: Ski gut anheben und notfalls bei Aufstiegen neben der Loipe laufen, damit die Ski etwas ›anpacken‹.

Bei längeren Strecken unbedingt nachwachsen, wenn Sie zu spitze Ski haben – Sie werden den Zeitverlust dank Kraftersparnis bei sauberem Abstoß spielend wieder wettmachen. Beim Nachwachsen unterwegs die Ski mit dem Ärmel gut abwischen: auf trockene Ski läßt sich das Wachs besser auftragen.

Reinigung

Mit der Abziehklinge soviel Wachs wie möglich entfernen. Dann mit dem Brenner das restliche Wachs erwärmen und gleichzeitig mit einem fusselfreien Lappen abwischen (*nie* mit dem Brenner an einer Stelle verbleiben, die Flamme immer bewegen – sonst verbrennt nicht nur der Laufbelag, sondern unter Umständen sogar der Skikern). Restwachs mit chemischem Wachsentferner kurz anfeuchten, mit Lappen entfernen.

Natürlich können Sie – je nach den Schnee- und Temperaturverhältnissen, bei denen Sie laufen – mit einem kleinen Grundstock an Wachsen beginnen und Ihr Sortiment nach und nach ergänzen; die Wachse halten mehrere Jahre. Sie werden bald merken: Wachsen macht Spaß, und gutgewachste Ski sind jedem Nowax-Ski überlegen (außer bei Verhältnissen um 0°).

Kleine Wachshilfe

Warum eigentlich müssen heute noch Ski gewachst werden? Bei den Alpinski und selbst bei den Tourenski ist das Wachsen doch längst Schnee von gestern – warum also wird immer noch bei den Langlaufski gewachst?

Nun: Die Frage ist berechtigt. Doch keine Angst: Auch bei den Langlaufski müssen Sie nicht bei allen Modellen wachsen. Die heute wohl verbreitetsten Modelle, die sogenannten ›Schuppenski‹ oder ›Nowax-Ski‹ brauchen, wie der Name schon sagt, kein Wachs mehr.

Anders sieht es natürlich bei den sportlicheren Ski aus. Diese müssen den jeweils herrschenden Schneearten angepaßt werden. Und nur ein gut gewachster, vor allem richtig gewachster Langlaufski gewährleistet das richtige Abstoßen, den richtigen Abdruck.

Im Klartext: Alle Ski, die keine speziell präparierte Lauffläche haben, also keinen Kronenschliff, keine negativen oder positiven Schuppen, müssen gewachst werden.

Sicher: Die Nowax-Ski genügen den Ansprüchen der meisten Langläufer voll und ganz.

Trotzdem soll auch den sportlicheren Skilangläufern Hilfe geboten werden.

Die folgende Tabelle haben wir aus der Schweiz von einem der größten Experten in Sachen ›Wachs‹ erhalten, von Fritz Schwarz. Seit Jahren beschäftigt sich Herr Schwarz mit der speziellen Problematik des Wachsens und gilt weit über die Grenzen hinaus als ›Wachs-Papst‹. Nun hoffen wir nur, daß wir nicht alle Geheimnisse des Wachsens gelüftet haben, denn jeder Wachs-Fan hat ja immer noch einige Top-Tips.

Schneeart	Temperatur	Haftwachs (Grundwachs auf Ski)
Neuschnee, fallend		
trocken,	– 8° u. kälter	Grün spezial einbügeln
feinkristallig	– 2° bis – 8	Grün spezial einbügeln
leicht feucht, schwach, ballig	– 2° bis – 6°	Grün verkorken
feucht, ballig	– 1° bis – 6°	Blau verkorken
	0° bis – 3°	Blau spez. verkorken
ballend, marmorige Spur, klebrig	0° bis + 2°	Nowax-Ski
Schnee/Regen vermischt, nässende Spur	+ 2° bis + 4°	Nowax-Ski od. Klister Orange (dünn!)
bei balligem Schnee und schwankenden Temperaturen	– 1° bis + 3°	Nowax-Ski
Neuschnee gesetzt, feinkörniger Altschnee		
feinkörniger Pulverschnee, trocken	– 10° bis – 25°	Grün spez. einbügeln (für lange/harte Strecken: Klister Blau spez. dünn!)
	– 6° bis – 12°	Grün spez. einbügeln
	– 2° bis – 6°	Grün einbügeln
mehliger Schnee	– 2° bis – 6°	Blau einbügeln
pulvriger bis mehliger Schnee, nicht stark ballend, aber feucht	– 1° bis – 6°	Blau verkorken
feuchter Pulverschnee glatte Spur	0° bis – 3°	Blau spez. verkorken
marmorig-glatte Spur	um 0°	Nowax-Ski

Laufwachs (Abstoßwachs)	Korrekturwachs (mitnehmen)
Grün spezial einbügeln	Grün unverkorkt, Blau
Grün bügeln	Blau unverkorkt
Blau verkorken	Blau unverkorkt, Blau spez.
Blau spez. verkorken	Weiß (dünn!)
Weiß unverkorkt (dünn!)	Weiß
Grün spez. verkorken	Grün
Grün verkorken	Grün unverkorkt, Blau
Blau verkorken	Blau unverkorkt
Blau unverkorkt	Blau spezial
Blau spez. verkorken	Blau spezial unverkorkt
Weiß verkorken	Weiß unverkorkt

Schneeart	Temperatur	Haftwachs (Grundwachs auf Ski)
nässende Spur	0° bis +2°	Klister Violett (dünn!)
wäßrige Spur	über 2°	Klister Rot
grobkörniger Altschnee, Eis		
Hartschnee, Harsch, Eis	−4° u. kälter 0° bis −4°	Klister Blau spezial Klister Violett
vereister Schnee feuchtend	−2° bis +2°	Klister Violett
feuchter bis nasser Schnee (Sulz)	über 0°	Klister Violett (dünn!)
Eis	unter 0°	Klister Blau spezial
vereister grobkörniger Schnee oder blankes Eis, zum Teil überdeckt mit Pulverschnee (verweht, Abrieb)	−2° und kälter	Klister Blau spez. (dünn!
grobkörniger Altschnee bei Regen	über 0°	Klister Braun oder Klister Violett (dünn!)

Laufwachs (Abstoßwachs)	Korrekturwachs (mitnehmen)
Klister Rot Klister Silber	Klister Silber
Klister Violett (dünn!) Klister Rot (dünn!) Klister Rot	Klister Violett Klister Rot Klister Silber
Klister Rot/Silber mischen	Klister Silber
Klister Rot unter Bindung ev. trocken Grün abdecken Klister Violett mit Trockenwachs Grün oder Blau gut abdecken	Klister Rot
Klister Orange	Klister Orange
Klister Rot/Silber gem.	Klister Silber

DIE VERSCHIEDENEN SCHRITTE

»Wir sind stolz auf die ausgeglichene, rhythmische Bewegung im Langlauf. Gleichzeitig aber bedauern wir die Entwicklung zum Eisschnellauf«, klagte unlängst der Präsident des Internationalen Skiverbandes (FIS), der Schweizer Marc Hodler.

Tatsächlich ist der neue Trend im Langlauf, der Siitonen- und Schlittschuhschritt, nicht mehr zu stoppen.

Zwar versprach der Langlaufpapst Österreichs, der Tiroler Fred Rößner, bei den letzten Weltmeisterschaften in Seefeld noch »geeignete Maßnahmen, um den neuen Trend zu bremsen«. Bei den Wettkämpfen aber sah es ganz anders aus: Der Großteil der Läufer und Läuferinnen stürmte vom Start bis ins Ziel mit dem Siitonen- und Schlittschuhschritt. Mit kräftigen Doppelstockstößen wuchteten die Athleten ihre nur mehr mit Gleitwachs präparierten Ski sogar steilste Anstiege hinauf.

Nur noch einige Exoten kämpften in Seefeld mit den traditionellen Schrittarten wie Diagonal- und Eintaktschritt, die nur mit Abstoßwachs möglich sind. Diese Sportler hatten keinerlei Chancen, unter die ersten Zehn zu kommen.

»Es müßte schon überhängendes Gelände kommen, bis wir auf den neuen Schritt verzichten und zum alten Gleitschritt zurückkehren«, juxte ein Schweizer Teilnehmer.

Daß der neue Schritt aber mehr als umstritten ist, soll nicht verschwiegen werden. Denn der neue Laufstil ist keinesfalls für jeden Wochend-Skilangläufer geeignet. »Durch das dauernde Schlittschuhfahren«, gestand selbst der Weltmeister im 30-Kilometer-Lauf von Seefeld, der Schwede Gunde Svan, »fühlte ich mich am Ende überfordert.« Und eine deutsche Nachwuchsläuferin schwor sich am Ende ihres Laufes: »Ich habe übersäuerte Oberschenkel bekommen. Ich muß einfach noch viel mehr Krafttraining machen.«

Tatsächlich erfordert der neue Laufstil:

- Unheimlich viel Kraft
- Ausgefeilte Technik
- Mut zum gesundheitlichen Risiko
- Exakt präparierte Loipen
- Sportliche Einstellung zum Langlaufsport
- Viel Trainingsfleiß

Vorab aber die bisher gebräuchlichsten Schrittarten: der Diagonalschritt; die Doppelstock-Technik; der Schlittschuhschritt; sodann ›Skating‹, ›Finnstepp‹ oder ›Siitonen-Schritt‹.

Der Diagonalschritt

Die Grundlage der Lauftechnik für jedermann ist der sogenannte ›Diagonalschritt‹.

Unter diesem Diagonalschritt versteht der Fachmann, daß der Läufer sich im Zweitakt mit dem einen Bein abstößt, während das andere mit dem Ski gleitet.

Dies bedeutet: Das leicht gebeugte hintere Stoßbein streckt sich, drückt dabei den Ski mit Stockeinsatz und leicht vorgeneigtem Körper nach vorn und schiebt das vorgeführte Gleitbein voran.

Das jetzt vollständig entlastete hintere Bein wird gleichzeitig mit dem Arm nach vorn geschwungen und übernimmt für den nächsten Schritt die Funktion des Gleitbeins. Beinschub und Stockeinsatz erfolgen dabei gleichzeitig.

Sie können sich leicht selbst kontrollieren. Stellen Sie sich mit beiden Füßen auf gleicher Höhe – also parallel nebeneinander – in die Spur. Beugen Sie leicht die Knie, und verlagern Sie das Gewicht ganz auf den rechten Fuß. Schwingen Sie nun gleichzeitig den rechten Arm nach vorne, und schieben Sie das

linke Bein in dieselbe Richtung. Auf diese Weise kommen Sie am leichtesten in den Diagonalschritt. Anschließend schwingen die vor dem Körper liegenden Extremitäten zurück und die anderen nach vorne.

Der Diagonalschritt wird heute als Grundlage für fast alle Langlauftechniken gelehrt. Er ist verhältnismäßig einfach zu lernen und auszuführen und stellt auch an ältere Teilnehmer keine großen körperlichen Anforderungen.

Allerdings: Nur wer diesen Diagonalschritt in einer anerkannten Skischule geübt hat und von einem guten Lehrer erfahren hat, falsche Stellungen und Einsätze zu vermeiden, kann mit diesem Diagonalschritt leicht gleiten und wandern. Daher auch der Tip: Hören Sie nicht auf die gut gemeinten Ratschläge Ihrer Freunde, die bereits Erfahrung in Loipen und Spuren haben – gehen Sie anfangs unbedingt in einen Kurs, um wirklich den Diagonalschritt genau zu begreifen. Denn die Leichtfüßigkeit will ebenfalls erarbeitet sein.

Der Abstoß

Der Abstoß ist der Motor beim Skilanglauf. Es kommt nicht so sehr auf den Krafteinsatz an, sondern mehr auf die technisch richtige Ausführung. Wenn Sie die Bildreihe betrachten, dann sehen Sie, daß

- beim Abstoß das Bein jeweils vollkommen durchgestreckt wird;
- der Oberkörper genauso nach vorne geneigt wird, daß er beim Abstoß mit dem Abstoßbein in einer Geraden liegt.

Der Neigungswinkel der Oberkörperhaltung hängt vom Lauftempo ab. Je langsamer man läuft, desto aufrechter ist die Haltung. Immer aber gilt, daß Abstoßbein und Oberkörper eine Gerade bilden müssen. Nur dann wird die Wirbelsäule optimal geschont. Beim Abstoß bekommt das Rückgrat sozusagen jedesmal einen kleinen Schlag von unten, der die einzelnen Wirbelscheiben – vor allem in der empfindlichen Lendengegend – zusammenpreßt. Trifft dieser ›Schlag‹ genau in Richtung der Wirbelsäule auf, so werden die Wirbel gleichmäßig zusammengedrückt und die Bandscheiben gleichmäßig belastet. Liegt jedoch der Oberkörper nicht in Richtung der auf ihn einwirkenden Stoßkraft – läuft man also entweder zu aufrecht oder zu stark gebückt –, dann trifft der Schlag schräg auf. Die Wirbel werden dann je nach Haltung auf der Innen- bzw. Außenseite stärker zusammengedrückt, und die Bandscheiben werden dadurch einseitig laufend ›gequetscht‹. Kreuzschmerzen sind dann das Ergebnis.

Die richtige Haltung beim Diagonalschritt können Sie nicht selbst kontrollieren. Sie müssen sich von jemand anderem beobachten und korrigieren lassen. Am geeignetsten geschieht dies aus einer Distanz von 20–30 m.

Das Bild zeigt den typischen Anfängerfehler (trösten Sie sich, auch viele gute Läufer verfallen immer wieder in ihn): Bestrebt, mit möglichst langen Gleitschritten zu laufen, wird das vordere Gleitbein zu weit nach vorne geschoben. Um nicht nach rückwärts zu kippen, muß der Läufer das hintere Bein

sehr frühzeitig wieder aufsetzen und belasten, bevor es auf gleicher Höhe mit dem anderen liegt. Das durch den kräftigen Abstoß gewonnene Gleittempo wird so unmittelbar wieder abgebremst. Obwohl der Läufer mehr Kraft aufwendet als ein anderer, der technisch richtig läuft, ist sein Tempo langsamer.

Mit der Zeit bekommt man jedoch selbst ein Gespür für die richtige Laufhaltung. Wenn man merkt, daß der Oberkörper ruhig bleibt und weder hoch/tief noch vorwärts/rückwärts schaukelt, dann läuft man technisch gut.

Stockschub

Auch beim Stockschub kommt es zumindest für unsere Zwecke nicht auf den Krafteinsatz an, sondern daß er dem Bewegungsfluß harmonisch angepaßt wird.

Nur allzuleicht unterschätzt man den Wert einer guten Armarbeit und vergißt, daß sich der kleinste Fehler ungünstig auf die gesamte Laufbewegung auswirkt.

Die Arme pendeln nahezu gestreckt vor und zurück.

Während der vordere Arm nie über Schulterhöhe angehoben wird, pendelt der rückwärtige nur wenig hinter die Hüfte zurück.

Die Stöcke werden nicht in der Luft herumgewirbelt, sondern ruhig geführt. Stets zeigt die Stockspitze nach hinten. Schlechte Läufer pendeln meist beim Vorschwung den Stock mit der Spitze weit nach vorne, so, als wollten sie jemanden aufspießen. Das erfordert zu viel Kraft, und Sie ermüden vor allem nur zu bald im Handgelenk.

Die Stöcke werden nicht krampfhaft festgehalten. Bei Beginn des Stockschubes umschließt die Faust den Griff. Während des Schubes öffnet sich die Hand mehr und mehr. Am Ende des Stockschubes hält man den Stock nur noch zwischen Daumen und Zeigefinger fest. Durch das Öffnen der Hand verlängern Sie den Weg des Stockschubes um ein ganz beträchtliches Stück. Man sieht sofort Weite, wenn ein Läufer diesen Kniff nicht beherrscht: Er wirbelt dann jedesmal den Stock weit nach hinten hoch, anstatt ihn ruhig und rationell nach vorne zu bringen.

Die Arme schwingen genau parallel zur Laufrichtung. Häufig schwingen Langläufer den vorderen Arm vorwärts-einwärts vors Gesicht. Der Schub kann dann nicht mehr genau in Laufrichtung erfolgen, sondern schräg zu ihr. Ein Teil der aufgewendeten Kraft verpufft somit nutzlos. (Sie wollen sich doch nach vorne wegschieben, nicht zur Seite!)

Wenn Sie mit der Stockarbeit nicht zurechtkommen, empfehlen wir Ihnen folgende Übungen:

Laufen Sie einige Male eine Strecke von 30–50 m ohne Stöcke. Starten Sie mit kurzen, kleinen Schritten sehr schnell, und verlängern Sie dann den Schritt. Die Arme pendeln ganz ausgiebig (gestreckt!) vor und zurück. Und vergessen Sie nicht, den Oberkörper nach vorne zu neigen.

Wenn Sie diese Übung gut beherrschen, dann können Sie die Stöcke in der Mitte zwischen Spitze und Griff in die Hände nehmen und waagrecht halten. Laufen Sie wie vorher, und schwingen Sie genauso ausgiebig die durch die Last der Stöcke beschwerten Arme. Wenn Ihnen auch das gelingt, dann können Sie wieder mit normalem Stockschub laufen.

Gleiten

Der kräftesparende Gleitschritt ist die Krone des Langlaufs. Der Motor des Abstoßes kommt nur dann voll zur Geltung, wenn er optimal ins Gleiten umgesetzt wird. Dazu bedarf es der richtigen Körperhaltung:

Das Gleitbein (das ist immer das vordere) ist leicht gebeugt, das Knie sollte möglichst immer über dem Vorderfuß liegen, d. h., der Unterschenkel sollte nie ganz senkrecht stehen.

In der bereits beschriebenen Oberkörperlage wird der Fuß gleichmäßig belastet, d. h., es wird auf den Ski ein gleichmäßiger Druck ausgeübt, und er gleitet dadurch optimal. Diese Stellung entspricht ungefähr derjenigen, die Sie bei der vorletzten Balancierübung (auf einem Bein in ganz kleinen Hopsern vorwärts hüpfen) einnehmen müssen.

Zieht man eine gedachte Linie in Verlängerung der Richtung des Unterschenkels nach oben durch, so sollte sie zwischen Brust und Hals den Körper treffen.

Den Gleitschritt lernt man am leichtesten in einer abfallenden Spur. Versuchen Sie, durch einige energische Schritte an Tempo zu gewinnen und verlängern Sie mehr und mehr die Gleitphase. Übertreiben Sie jedoch nicht; warten Sie mit dem nächsten Abstoß nicht, bis Sie fast zum Stillstand gekommen sind, sondern setzen Sie in dem Augenblick an, in dem sich das Gleittempo vermindert. Verharren Sie übungshalber nach dem Abstoß in einer Art Standwaage, d. h., schwingen Sie das rückwärtige Bein nicht sofort nach vorne, sondern halten Sie es länger als sonst in der Luft. Wie vorher beim Stockschub, so sollten Sie auch hier teilweise ohne Stöcke, nur mit kräftigem Armpendeln laufen.

Klappt es überhaupt nicht, dann sollten Sie nochmals auf die Gymnastikübungen zur Förderung des Gleichgewichts zurückgreifen. Ihr Fehler dürfte darin zu suchen sein, daß es Ihnen nicht gelingt, für eine längere Zeit als gewöhnlich das Gewicht ganz auf einen Fuß zu verlagern. Sie können dann den anderen nicht unbelastet anheben, sondern müssen ihn sofort als Hilfsstütze wieder aufsetzen.

Die Schwungphase

Die Schwungphase verbindet Abstoß und Gleiten:

Nach dem Abstoß pendelt das locker gehaltene Bein ganz leicht und zwanglos nach hinten oben.

Während man auf dem anderen Bein gleitet, wird das leicht abgehobene rückwärtige Bein nach vorne geholt und zunächst unbelastet wieder in der Spur aufgesetzt.

Erst wenn das rückwärtige Schwungbein auf gleiche Höhe mit dem Abstoßbein kommt, wird der Fuß mit der ganzen Sohle auf den Ski aufgesetzt, um einen sicheren Stand für die kommende Gleitphase vorzubereiten.

Aufstiege

Aufstiege sind lästig, aber meist unvermeidbar. Sie ›vorschriftsmäßig‹ zu überwinden erfordert eine sehr gute Kondition. Probieren Sie es so:

Aus der Ebene mit schnellen Schritten den Aufstieg angehen.

Die schnelle Schrittfolge beibehalten, im Aufstieg lediglich die Schrittlänge verkürzen.

Bei Steilaufstiegen nicht mehr die ganze Sohle auf den Ski aufsetzen, sondern alles im ›Zehengang‹ laufen (Sie geraten sonst in Rücklage und rutschen aus).

Über die Kuppe hinweg weiterhin die Schrittfolge beibehalten und allmählich den Schritt wieder verlängern (diese Phase kostet die meiste Kraft).

Wenn Sie jedoch aufwärts gemächlicher gehen wollen, so behalten Sie trotzdem diese beiden Regeln im Auge:

Nützen Sie den Schwung aus der Ebene zumindest für die ersten Aufstiegschritte aus.

Neigen Sie den Oberkörper so weit nach vorne, daß die Skier wie in der Ebene genau in der Mitte belastet werden. Gehen Sie im Zweifelsfalle lieber zu weit nach vorne. Sie rutschen dann höchstens mit dem Stoßbein nach hinten aus, können sich aber jederzeit auf dem Stock abfangen. Haben Sie dagegen zu viel Rücklage, dann finden Sie überhaupt keine Abstoßposition, weil Ihnen der Ski in dem Augenblick zurückrutscht, in dem Sie ihn belasten wollen.

Abfahren auf Langlaufskiern

Ab und zu geht es auch beim Langlauf bergab. Die Abfahrtshaltung ist jedoch anders als beim alpinen Skilauf, da der Absatz durch die Langlaufbindung nicht auf dem Ski festgehalten wird.

Sie müssen beim Abfahren auf Langlaufskiern eine geringe Rücklage einnehmen. Nur so stehen Sie sicher auf Ihren Brettern. Dabei sollten Sie deutlich das Gefühl haben, daß die Fersen belastet sind.

Bei jeder Langlauf-Abfahrt können Sie sich kurzzeitig ausruhen. Die Fuß- und Kniegelenke sind kaum gebeugt, damit die Beinmuskulatur gut entspannt ist. Im Hüftgelenk ist die Beuge möglichst groß (Oberkörper waagerecht nach vorne kippen), damit das durch die Atmung strapazierte Zwerchfell ebenfalls kurzzeitig entspannt und gelockert wird. In dieser Haltung kräftig und tief durchatmen. Abgesehen von der Stockhaltung gleicht die Abfahrtshaltung derjenigen Position, die der Läufer gegen Ende des Doppelstockschubes einnimmt.

Halten Sie Ihre Arme seitlich vom Körper weggestreckt als eine Art Balancierstangen. Nur sehr, sehr gute Läufer können es sich leisten, die Stöcke bei Abfahrten unter die Arme zu klemmen.

Tactel

Legen Sie besonderes Augenmerk darauf, daß während der Abfahrt die scharfen Spitzen Ihrer Stöcke immer hinter Ihren Füßen sind. Nur zu leicht verfängt sich sonst ein Stock im Schnee, und Sie stoßen sich den Griff in den Leib.

Fahren Sie nie in eine Abfahrtsspur ein, wenn Sie nicht sehen können, wohin sie führt und wie sie ausläuft. Sie können nämlich in der Spur Ihre Fahrt nicht abbremsen, wenn es Ihnen zu schnell wird. Lieber den Höhenunterschied mit ein paar Wenden (Spitzkehren) überwinden oder ein paar Schritte seitlich heruntertreten.

Die Doppelstock-Technik

Keine Angst: Auch diese Technik ist leichter zu erlernen, als manche glauben.

Zunächst aber sollten Sie darauf achten, daß Ski und Stöcke genau auf Ihr Gewicht und Ihre Größe getrimmt und gekauft sind. Ein zu langer oder ein zu kurzer Ski, ein zu langer oder ein zu kurzer Stock machen aus dem schönsten Wintervergnügen eine schweißtreibende, ärgerliche Angelegenheit.

Also: Zunächst nochmals die Ausrüstung überprüfen, bevor man sich in die Loipe begibt, um eine neue Technik zu erlernen. Unter ›Doppelstock-Technik‹ versteht man beim Langlauf die Anwendung des Doppelstockschubs und der dazwischenliegenden Schritte.

Was aber bedeutet nun der so wichtige ›Doppelstockschub‹ in der Praxis?

Ganz einfach: Man versteht darunter den ›Dreiklang‹ zwischen Körper, Ski und Stöcken.

1. Sie stechen beide Stöcke zur gleichen Zeit und auf gleicher Höhe in den Schnee. Wichtig hierbei: Sie stechen die Stöcke zwischen Skispitze und Bindung in den Schnee.

2. Sie drücken die Stöcke mit gebeugtem Rumpf nach rückwärts.

3. Danach werden Arme und Stöcke mit aufgerichtetem Körper vorangeschwungen.

Die einfachste Art ist der Doppelstockschub ohne Zwischenschritt. Während man ›passiv‹ beide Beine auf gleicher Höhe nebeneinander hält (wie bei der alpinen Schußfahrtstellung), schiebt man gleichzeitig mit beiden Stöcken. Gehen Sie dabei jedoch nicht nach hinten in die Hocke. Lassen Sie die Beine relativ gestreckt, und beugen Sie sich während des Schubs mit dem Oberkörper bis in die Waagrechte nach vorne. So entlasten Sie die Beinmuskulatur. Außerdem erfordert diese Technik weniger Armkraft, da ein Teil der Schubkraft durch den nach vorn klappenden Oberkörper erzielt wird.

Die gängige Doppelstocktechnik ist jedoch diejenige mit Zwischenschritt. Beachten Sie, daß

- mit dem rückwärtigen Schwungbein viel stärker ausgeholt wird als beim Diagonalschritt – die Ausgangsstellung gleicht fast einer perfekten Standwaage;
- der Oberkörper während des Schubs in der waagrechten Lage verharrt;
- die Arme wie beim Diagonalschritt beim Schub kaum gebeugt werden;
- die Hände sich ebenfalls wie bei der Diagonaltechnik während des Schubs öffnen.

Der Schlittschuhschritt

»Schlittschuhe«, schreibt ein führendes Sport-Nachschlagewerk, »sind ein Fortbewegungsmittel auf dem Eis mit scharfkantiger Stahlkufe (Schneide).« Und vom Schlittschuh ausgehend wurde auch der Schlittschuhschritt entwickelt.

Unter dem Schlittschuhschritt versteht man beim modernen Langlauf folgendes:

1. Zwischen zwei Doppelstockschüben wird beim Schritt abwechselnd der rechte und der linke Ski leicht ausgewinkelt.

2. Das Körpergewicht verlagert sich auf den jeweils ausgescherten Ski.

3. Der gleitende, unbelastete Ski wird sodann wieder beigezogen.

Dieser Schlittschuhschritt ist nicht ganz problemlos. Denn zum einen benötigt er eine gehörige Kondition und eine ausgeprägte Bein- und Armmuskulatur, zum anderen sind die meisten Loipen sehr tief angelegt, so daß der Läufer Probleme hat, den Ski aus der jeweiligen Spur zu heben.

Besonders geeignet aber ist der Schlittschuhschritt in ebenem Gelände, um Tempo zu machen.

Noch ein Tip: Üben Sie diesen Schritt unbedingt in weitem, ebenem Gelände, bevor Sie sich in eine frequentierte Loipe begeben. Denn Stürze mit dem Schlittschuhschritt sind nicht ungefährlich und können besonders bei älteren Langläufern zu nachhaltigen gesundheitlichen Schäden führen.

Der neue Stil

Erinnern wir uns an die schönen Bilder von einst: dieser kräftige Doppelstockeinsatz, das gleichmäßige kraftvolle Abstoßen mit beiden Stöcken. Oder der Diagonalschritt, diese fließenden Bein- und Armbewegungen, deren Ästhetik einst den Skilanglauf so populär machte.

Und heute?

Heute wird in den Loipen ›gesteppt‹. Denn der neue Schritt wird auch ›Finnstepp‹, ›Skating‹, ›Schlittschuh-‹ oder ›Siitonen‹-Schritt genannt.

Doch alle fünf Begriffe bedeuten ein und dasselbe: den neuen revolutionären Schritt in der Langlauf-Bewegung.

Und so wird der neue Schritt ausgeführt:
- Mit einem Ski gleitet man in der Spur.
- Mit dem anderen Ski stößt man kräftig ab.
- Mit kräftigem Doppelstockeinsatz unterstützt man die Geschwindigkeit.

Auch das ist neu:
- Sie brauchen keinerlei Kenntnis mehr über das richtige Abstoßwachs sich erarbeiten.
- Wichtig ist die Wahl des richtigen Belags.
- Entscheidend ist die optimale Gleitwachszusammenstellung.
- Beherrschen muß man die Behandlung der Gleitfläche.

Doch der neue Schritt verlangt von Ihnen:
- Beinhartes Krafttraining für die Abstoßmuskeln im Arm.
- Krafttraining für die Beinmuskulatur.
- Sehr viel Trainingsfleiß.
- Ausgefeilte Technik.
- Einen sehr belastbaren Organismus.

Vorbei sind also die Zeiten der gleichmäßig dahingleitenden Menschen.

Der Siitonen-Schritt

Wie bereits oben ausgeführt, wird dieser Schritt auch ›Finnstepp‹ oder ›Finnenschritt‹ genannt.

Am treffendsten aber ist wohl die Bezeichnung ›Halb-Schlittschuh-Schritt‹. Denn tatsächlich ist der so umstrittene (und auch so häßlich anzusehende) ›Siitonen-Schritt‹ ein halbierter Schlittschuhschritt, bei dem jeweils nur auf einem Bein gefahren wird.

Wie sieht nun dieser Schritt genau aus?

1. Es gleitet nur ein Ski in der Spur.

2. Mit dem anderen Ski wird die oben beschriebene Bewegung des Schlittschuhschritts ausgeführt.

3. Gleichzeitig wird mit kräftigem Doppelstockschub die Geschwindigkeit gesteigert.

Zu beachten dabei ist, daß sich Läufer, die ausschließlich mit dem Siitonen-Schritt fahren wollen, auch in Sachen Ausrüstung umorientieren müssen. Denn die Siitonen-Technik verlangt von den Ski, daß diese nicht mehr mit Abstoßwachs präpariert werden, sondern ausschließlich mit Gleitwachs. Das Abstoßen

geschieht einzig und allein durch die Muskelkraft der Beine beim Schlittschuhschritt und den unterstützenden Doppelstock-Einsätzen.

Noch ein Tip: Diese Technik verlangt ein hohes Maß an körperlicher Fitneß und ist in der Sportmedizin sehr umstritten. Tatsächlich behauptet der bekannte Sportarzt Hans-Wolfgang Bär: »Für Ungeübte ist diese Art, Langlauf zu betreiben, gesundheitsschädlich: Es ist halt normal, mit beiden Beinen zu laufen, und nicht, das eine Bein mit dem anderen anzuschieben.«

Die optimale Lauftechnik

Ob Diagonalschritt, Doppelstockschub oder auch Schlittschuhschritt – eine optimale Lauftechnik zeichnet sich immer durch die völlig ruhige Oberkörperhaltung und durch zwar schwungvolle, jedoch bewegungsrationelle Arm- und Beinführung aus.

Sie werden zugeben, daß diese Sportart wirklich nicht schwer zu erlernen ist (im Gegensatz z. B. zum alpinen Skilauf). Sie müssen sich nur vor einem hüten: nicht mehr zu tun, als erforderlich ist. Gute Läuferinnen und Läufer bestechen nicht durch Kraft, sondern durch mühelose Eleganz.

TIPS FÜR VOLKSLANGLÄUFER

Vorbereitung zum Start

Besichtigen Sie schon am Vortag die Strecke, laufen Sie locker und ohne Kraftaufwand rund ⅓ bis die Hälfte der Strecke ab. Dadurch kennen Sie die Streckenführung und können Unfälle durch Unwissenheit der Geländebedingungen vermeiden.

Achten Sie auf die Schneebedingungen der Strecke, studieren Sie das Streckenprofil (große Steigungen, lange Abfahrten). Diese Erkenntnisse erleichtern Ihnen die Wachsauswahl und Skipräparation.

Wachsen und präparieren Sie Ihre Ski grundsätzlich schon am Vortag. Am Tag des Laufes zu große Hektik und Wachshaftung wesentlich schlechter.

Überprüfen Sie schon am Vortag Ihre Ausrüstung, um einen unangenehmen Materialausfall (Schuhe, Stöcke, Ski, Bindung) noch rechtzeitig beheben zu können.

Erst am Renntag soll das richtige Steigwachs in mehreren dünnen Schichten aufgetragen werden. Wenn Sie über die richtige Wachsart nicht Bescheid wissen, fragen Sie erfahrene Langläufer oder den offiziellen Wachsdienst.

Sorgfältiges Wachsen bringt Erfolg.

Achten Sie auf Ihre Ernährung vor dem Rennen. Schon am Vortag keine Fleischspeisen und keinen Alkohol mehr zu sich nehmen. Informieren Sie sich über die richtige Ernährung vor einer körperlichen Höchstleistung. Vor dem Start kräftig frühstücken mit ›Müsli‹ usw., jedoch belasten Sie Ihren Magen nicht mit schweren, fetthaltigen Speisen.

4396
10802
2250
2900
2836
2862

LONGINES
HELVETIA VERSICHE
2584
2988
2559
2274
4429

Gehen Sie rechtzeitig ins Startgelände, durch die große Läuferanzahl könnten Sie durch unvorhergesehene Ereignisse den Start verpassen.

Wachsski sollten noch eingelaufen werden.

Überprüfen Sie Ihre Ausrüstung, und bereiten Sie sich auf den Start vor.

Während des Laufes

Beginnen Sie ohne Hast und Hektik Ihre geplante Laufstrecke. Unter dem Motto ›Wer zuletzt lacht, lacht am besten‹ teilen Sie sich Ihre Kraft für die zu laufenden Kilometer ein, und steigern Sie Ihr Tempo erst die letzten 5 bis 10 Kilometer.

Laufen Sie Ihr eigenes Tempo, und lassen Sie sich von keinem Konkurrenten zu höherem Tempo verleiten, spätestens nach 5 km verlassen Sie Ihre Kräfte.

Trinken Sie bei jeder Labestation Tee in reichlichen Mengen, auch wenn Sie momentan noch kein Bedürfnis dazu verspüren. Der Körper verbraucht durchschnittlich 2 Liter Flüssigkeit für eine Strecke von ca. 50 km.

Essen Sie keine fetten und schweren Speisen während des Laufes. Ihr Magen wird empfindlich reagieren.

Wachsdienst, Skiservice, Stockservice und Verpflegestellen sind um Ihr Gelingen bemüht, bedienen Sie sich der eifrigen Helfer, wenn Sie in Schwierigkeiten geraten.

Präparierungshinweise

1. Neue Langlaufski
können durch Lagerung und Transport an der Lauffläche trotz Plastikverpackung verschmutzen. Reinigen Sie den Belag nach dem Kauf mit Wachsentferner.

2. Zur Verbesserung
der Laufeigenschaften bei neuen Ski oder bei älteren Modellen mit Belagschäden die Lauffläche mit einer Metallklinge ab-

ziehen. Ziehen Sie den Belag nur in Laufrichtung von vorne nach rückwärts ab.

3. Nach dem Abziehen
des Belages wird die Lauffläche den jeweiligen Bedingungen durch Bürsten mit einer Feilbürste angepaßt. Das Bürsten der Lauffläche soll wie das Abziehen ausschließlich in Laufrichtung von vorne nach rückwärts durchgeführt werden. Durch das Bürsten erhält der Belag eine Längsstruktur, die bei sehr kaltem Schnee fein, bei wärmerem Schnee etwas gröber ausfallen soll.

4. Bei Klister-Bedingungen
kann man einem Normalski ohne spezielle Klister-Struktur durch Abziehen in Laufrichtung mit einer aufgestellten Schlichtfeile eine provisorische Längsstruktur geben, die einen Saugeffekt des Belages in der nassen Spur verhindert.

5. In der Wachszone raten
wir Ihnen, diese Zone mit einem Sandpapier (100) leicht aufzuschleifen. Auch dabei soll von vorne nach rückwärts verfahren werden. Achten Sie auf Ihre Wachszone, die am Belag angebrachten Wachsmarkierungen ermöglichen Ihnen eine exakte Abgrenzung dieses Bereiches.

6. Die vordere und hintere Gleitzone
wird mit Paraffin-Gleitwachs eingebügelt. Vorsicht beim Auftragen, Temperatur so einstellen, daß keine Rauchentwicklung einsetzen kann.

7. Das Paraffin
dringt beim Auftragen in erhitztem Zustand in die Poren des Belages ein und wird nach dem Erkalten mit einer Plastikklinge wiederum in Laufrichtung gründlich abgezogen.

8. Das aufgetragene Paraffin
soll zur Gänze vom Belag entfernt werden, die letzten Reste

entfernen Sie am besten mit dem Plastikschleifmittel ›Scotch-Brite‹.

9. Nach der richtigen Präparierung
der Laufffläche erfolgt der eigentliche Wachsvorgang der Steigzone mit Hartwachs oder Klisterwachs. Bitte entnehmen Sie Tips und Ratschläge für die richtige Wachsauswahl und den richtigen Wachsvorgang den Wachsanleitungen der Langlaufwachs-Hersteller.

10. Zur richtigen Präparierung
gehört auch die sorgfältige Reinigung der Ski nach dem Lauf. Ein fachmännisches Präparieren und Wachsen der Langlaufski ist nur auf einem gründlich gereinigten Belag möglich.

11. Präparierungshinweise für Kronenschliffmodelle
Auch Ski mit mechanischen Steighilfen bedürfen einer Präparation. Dennoch sind die handelsüblichen Bezeichnungen Nowax, Non-Wax, wachsfreie Ski gerechtfertigt, da die Präparierung nur die Gleitbereiche betrifft. Diese sollen analog den Wachsski behandelt werden. Auf diese Weise erhöhen Sie die Gleiteigenschaften Ihrer Langlaufski beträchtlich.

Die Kronenschliffzone wird nur durch Aufsprühen eines speziellen Stufensprays oder Silikonsprays vor Vereisung und Verschmutzung geschützt.

Ausbessern von Belagschäden

Damit der Bewegungsablauf beim Laufen ungestört bleibt, sollte man Belagschäden, die durch Steine und Wurzeln entstehen, beheben. Eine Kontrolle der Belagfläche ist nach dem Lauf unbedingt erforderlich, da Schäden eine korrekte und sichere Skiführung verhindern. Belagschäden beeinflussen die Laufeigenschaft (Schnelligkeit und Drehfreudigkeit) des Skis.

Leichten Schäden am Laufflächenbelag kann man leicht selber zu Leibe rücken. Das Reparieren von gröberen Schäden sollte man aber auf jeden Fall einer fachkundigen Skiwerkstätte überlassen.

Reparaturstreifen (repair-stripes) auf die beschädigte Stelle auflegen und mit der Lötlampe und einem Spachtel glätten bzw. in den Belag einschmelzen.

Sobald die Masse erstarrt ist (ca. 15 Minuten), ist es unbedingt erforderlich, den Belag zu glätten. Dies geschieht mittels einer Ziehklinge oder eines Belaghobels.

Übersommern

Vor dem Übersommern den Ski nochmals gründlich warten. Das Auftragen einer dicken Wachsschicht schützt den Belag den ganzen Sommer über vor Oxydation und anderen ungünstigen Einflüssen, die Bindung vor dem An- und Verrosten. Dann muß der Ski nur noch abgezogen werden und ist gebrauchstüchtig und fahrbereit, wenn der erste Schnee auf die Pisten lockt.

Die Übersommerung sollte in einem Spezial-Skihalter vorgenommen weden, der an der Wand befestigt wird.

Aufbewahrung und Transport der Skier

Nach Autofahrten auf salzgestreuten Straßen ist ein Reinigen der Ski mit Leitungswasser und einem Lappen erforderlich.

Grundsätzlich empfiehlt sich, die Ski in Skisäcken zu transportieren, weil so der Ski weitgehend vor Schmutz und Salz geschützt ist.

Schutzhüllen, die nur den Bindungsbereich abdecken, sichern wohl die Funktionsfähigkeit der Bindung, verhindern aber nicht das Anrosten durch Flugrost bzw. Beschädigung der Ober- und Lauffläche.

Die Ski sollen nicht in der Nähe von Öfen, Heizkörpern oder auf dem Dachboden gelagert werden, da dies ein Verziehen der Ski zur Folge haben könnte.

GEFAHR DURCH SONNENLICHT

Das Sonnenlicht übt bei längerer und intensiver Einstrahlung auf die ungebräunte Haut eine schädigende Wirkung aus.

Als besonders gefährlich gilt dabei der Strahlenbereich des ultravioletten Lichtes. Dieses setzt sich aus der etwas längerwelligen UV-A-Strahlung und der kürzerwelligen UV-B-Strahlung zusammen.

Bei Einwirkung der UV-B-Strahlung auf die ungeschützte Haut kommt es zur Entstehung des bekannten Sonnenbrandes. Eine längere und sich wiederholende Einstrahlung führt zu einer schnelleren Alterung der Haut und eventuell zur Entstehung von Hautkrebs.

Natürlicher Schutz

Ein natürlicher Schutzmechanismus der menschlichen Haut gegen diese schädigenden Strahlen ist sowohl die Verdickung der Hautzellenschicht der Haut als auch ein vermehrter Aufbau von Melanin, einem Hautpigment, welches die ultravioletten Strahlen daran hindert, tief in die Haut einzudringen, und ihr gleichzeitig eine braune Farbe gibt. Eine durch diese Vorgänge geschützte Haut zeigt eine wesentlich höhere Lichtverträglichkeit als eine ungeschützte Haut.

Der langsame Aufbau dieses natürlichen Schutzes, ausgelöst durch die Einstrahlung des ultravioletten Lichtes, ist von folgenden Faktoren abhängig:

1. Dauer der Einstrahlung
2. individuelle Empfindlichkeit (zum Beispiel blaß, hellhäutig, sonnenentwöhnt und anderes)
3. Strahlungsintensität (das heißt Tageszeit, Jahreszeit, Meereshöhe, geographische Breite)
4. Verstärkung der Sonnenstrahlung durch reflektierende Flächen (zum Beispiel Schnee 70%, Wasser 50%, Sand 17%)

Die Schwierigkeit zur Erlangung einer gesunden Sonnenbräune besteht nun darin, einerseits so viel UV-Strahlung auf die Haut einwirken zu lassen, damit der natürliche Schutzmechanismus einsetzt und der Haut die erwünschte Braunfärbung verleiht, andererseits jedoch diese Einstrahlung auf jenes Maß zu beschränken, damit eine Schädigung der Haut noch nicht eintritt.

Da dieses Maß entscheidend zeitabhängig ist, der menschliche Wunsch nach Sonnenbräune jedoch diese Tatsache, besonders im Urlaub, nur wenig oder gar nicht berücksichtigt, ist es empfehlenswert, durch geeignete Maßnahmen eine für die Haut ungefährliche Verlängerung der täglichen Sonneneinstrahlung zu erreichen.

Lichtschutzmittel

Dieses kann durch die Anwendung von geeigneten Lichtschutzmitteln erreicht werden. Es sind dies Mittel, die spezielle Substanzen enthalten, welche einen großen Teil der gefährlichen UV-Strahlung aufnehmen (absorbieren) und somit unschädlich machen.

Je nach der Konzentration der absorbierenden Substanzen weisen diese Lichtschutzmittel unterschiedliche Stärken im Lichtschutz auf.

Ausgedrückt wird diese Stärke des Lichtschutzes mit dem sogenannten Lichtschutzfaktor.

Lichtschutzfaktor

Dieser gibt an, wieviel länger man sich nach dem Auftragen des Lichtschutzmittels bis zum Auftreten der ersten Schädigung in der Sonne aufhalten kann. So bedeutet z. B. Lichtschutzfaktor 4, daß man sich nach dem Auftragen des Mittels 4mal länger in der Sonne aufhalten kann als mit einer unbehandelten Haut. Bei der Anwendung von Lichtschutzmitteln ist jedoch zu berücksichtigen, daß die Angabe des jeweiligen Lichtschutzfaktors eine Durchschnittsangabe darstellt. Für den einzelnen sind die bereits erwähnten Faktoren der individuellen Empfindlichkeit, der Strahlungsintensität der Sonne und der Reflexion der Sonnenstrahlen unbedingt zu berücksichtigen.

Je höher also die Empfindlichkeit des einzelnen und die zu erwartende Strahlungsintensität der Sonne sind, desto höher sollte auch der Lichtschutzfaktor sein.

ERNÄHRUNGSTIPS

Auch der Mensch kann ›Stärke‹ aufbauen, und zwar als Kohlehydratspeicher in Form des Glykogens in der Leber und im Muskel. Der Körper speichert im allgemeinen nur etwa 500 g Glykogen, das entspricht etwa maximal 2000 kcal. Der Hochleistungsathlet kann es allerdings durch Training bis auf ungefähr 750 g, also rund 3000 kcal, bringen.

Die echten Kohlehydratreserven sind daher entscheidend für die Leistungsfähigkeit.

Deshalb die Konsequenz für den Langläufer, seine Ernährung möglichst kohlehydratreich zu halten, um so oft wie möglich die Depots aufzufüllen, die ja fortwährend angegriffen werden.

Vorsicht vor Traubenzucker! Traubenzucker zur Leistungserhaltung bei Ermüdung und Erschöpfung wird deshalb weit überschätzt und ist gar nicht so günstig wie allgemein angenommen. Eine regelmäßige Zufuhr von Kohlehydraten in Form von Mehl, Brot, Gemüse, Haferflocken, frischen oder getrockneten Früchten und Obst ist besser.

Von vegetarischer Kost ist abzuraten. Denn Untersuchungen haben gezeigt, daß Hochleistungssportler nie reine Vegetarier, sondern immer ›Milchvegetarier‹ waren, die mit Milchprodukten die notwendige Aminosäure erhielten.

Für intensive Langläufer fordern viele Ärzte mindestens einen halben Liter Milch pro Tag.

Vitaminquellen sind: reichliches Obst, Obstsäfte, Orangensaft, Karottensaft, Apfelsaft, Sanddorn- und Johannisbeersaft. Bei längeren Langlauftouren Multivitaminpräparate nehmen.

Vorsicht bei Durstgefühl! Bei größerer körperlicher Dauerleistung ist der Schweiß noch relativ kochsalzreich. Dadurch nimmt das Durstgefühl ab, und die Wasseraufnahme deckt dann nicht mehr den Wasserverlust. In der Folge kommt es zu einer Bluteindickung und einer Austrocknung des Körpers.

So versteht man auch Langläufer, die meinen, daß sie wenig Flüssigkeit brauchen, da sie keinen Durst haben und auch kaum schwitzen. Doch das ist falsch: Diese Fehlmeinung ist genauso folgenschwer wie die, man dürfe so wenig wie möglich trinken und müsse auch noch das Durstgefühl unterdrücken. Dies ist gefährlich, denn der Mineral-Wasserhaushalt des Organismus spielt eine zentrale Rolle. Also trinken, trinken, trinken.

Auch wenn man bei jeder sich bietenden Gelegenheit trinkt, trinkt man zu wenig!

Ideal sind Mineralgetränke. Trinkt man vor, während und nach der Tour zu wenig, kommt es zu Bluteindickung, zu großer Herz-Kreislauf-Belastung und in weiterer Folge zu rascher Ermüdung, Erschöpfung, Erfrierungs- und Thrombosegefahr sowie (in Höhe) zu Höhenakklimatisationsstörungen.

Daher müssen immer Wasser und Mineralsalze ersetzt werden, und zwar in ausreichender Menge.

Beispiel: Bei einer Tour von etwa 3 bis 5 Stunden Dauer müssen 2 bis 3 Liter Flüssigkeit getrunken werden.

Das heißt: Häufig während und dann nach der Tour trinken.

Falsch und gefährlich ist es, kohlensäurehaltige Getränke zu trinken... Finger weg auch von Bier.

Auch Tee hat seine Schattenseiten: Starker Tee wirkt zwar anregend, aber nur subjektiv ›durstlöschend‹ und überdies stark harntreibend.

Günstiger sind mineralsalzangereicherte Getränke wie z. B. gesalzene Suppen, Bouillons usw., auch wenn hier noch wichtige Mineralstoffe (vor allem Kalium, Magnesium) fehlen.

Ideale Langläufergetränke sind die Mineralgetränke, die es seit wenigen Jahren in auflösbarer Pulverform als sogenannte Instantgetränke zu kaufen gibt. Im deutschen Sprachraum sind es vor allem Fresenius, Pfrimmer und Hoffmann-La-

Roche, die entsprechende Instantgetränke auf den Markt gebracht haben.

Vor und während der Langlauftour bis zur Rückkehr in die Hütte oder ins Tal nie Alkohol trinken! Auch Gipfelschnaps ist verpönt. Zu Recht! Denn Energieverbrauch und Zeitaufwand erhöhen sich nach einem halben Liter Bier beträchtlich.

Koordinations- und Konzentrationsfähigkeit sowie Reaktionsvermögen sind lebenswichtig. Unter Alkoholeinfluß Ski zu fahren, ist lebensgefährlich!

Aufgrund der Erfrierungsgefahr des alkoholisierten Bergsteigers hat zum Beispiel schon Fridtjof Nansen auf seinen Polarexpeditionen gänzlich auf Alkohol verzichtet.

Reichlich Eiweiß und Kohlehydrate, reichlich Vitamine und Mineralstoffe.

Auf der Tour selbst:
Mehr Kohlehydrate und Eiweiß.

Unmittelbar vor der Tour:
Leichtes, gut verdauliches Frühstück.

Spätestens zwei Stunden nach Tourenbeginn:
Es muß die erste Proviantpause eingelegt werden.

Weitere Proviantpausen spätestens alle zwei Stunden:
Eine ideale Zwischenmahlzeit sind kochfertige Suppen.

Eiweißzufuhr ist wesentlich, Käse und Eier sind zu empfehlen.

Mineralsalzreiche Flüssigkeitszufuhr.

GRUNDSÄTZLICHE VERHALTENSREGELN

1. Vor Langlauftouren in großen Höhen den Körper an die sauerstoffarme Luft gewöhnen. Wie von ärztlicher Seite verlautet, sind mehrere Tage Anpassung notwendig.
2. Viel Schlaf vor den Touren; keinen oder nur ganz geringe Mengen Alkohol.
3. Wer sich körperlich nicht topfit fühlt, sollte auf Touren verzichten.
4. Ausreichenden Schutz gegen Kälte und Hitze mitführen.
5. Langsam beginnen, langsam steigern.
6. Die Atmung sollte durch enge Gürtel oder Rucksäcke nicht erschwert werden, ebenso nicht durch zu starke Magen- und Darmfüllung.
7. Es ist besser, öfter etwas zu essen, dafür mengenmäßig weniger.
8. Ruhig atmen und wenig sprechen.
9. Nicht rauchen.

Hat sich der Körper akklimatisiert, dauert die Rückbildung sechsmal so lange wie die Anpassung.

LETZTE VORBEREITUNGEN

»Aller Anfang ist schwer« – das gilt nicht für das Skiwandern und Langlaufen. Sie brauchen nicht ängstlich zu sein. Sie können von der ersten Stunde an laufen.

Machen Sie sich vorsichtshalber mit Ihrer Skibindung schon zu Hause vertraut. Bei Langlaufskiern kann man den linken vom rechten Ski nur an der verschiedenen Stellung der Bindungsbacken unterscheiden (wenn Sie Ihr Sportgeschäft gut bedient hat, dann hat es Ihnen Ihre Skier entsprechend markiert). Der Innen- und Außenbacken sind jeweils verschieden schräg montiert: Der Außenbacken steht immer schräger zur Skilängsrichtung als der Innenbacken. Schieben Sie die Schuhspitzen in der Bindung so weit wie möglich nach vorne, bis die Backen seitlich an der Sohle fugenlos anliegen, und rasten Sie erst dann den Bügel ein, der die Sohle niederdrückt.

Nehmen Sie auch ein paarmal die Stöcke in die Hand. Die Hand fährt von unten in die Schlaufe, erst dann schließt sich die Faust um den Griff. Achten Sie darauf, daß die Schlaufe nicht verdreht wird, sondern ohne Falte vom Handteller über den Handrücken läuft.

Wenn es nicht zu kalt ist, sollten Sie die Ski immer erst an Ort und Stelle wachsen. Nicht allein, um das richtige Wachs zu erwischen (wir halten Ihnen die Daumen), sondern eher, um dem leidigen Problem aus dem Wege zu gehen, gewachste Ski im Auto oder in der Bahn transportieren zu müssen. Wenn es unvermeidbar ist: Ski nur am Ansatz der Schaufelbiegung und an den Enden zusammenbinden. Niemals in der Mitte: Die Ski

verkleben dann derart, daß Sie garantiert die Flinte ins Korn werfen und unverrichteter Dinge wieder nach Hause fahren. Und vergessen Sie nie, stets mitzunehmen:

- Ihre Wachsbox, die – falls sie es nicht enthält – Sie unbedingt um ein gewöhnliches alpines Skiparaffin bereichern sollten. Haben Sie wirklich einmal zu stumpf gewachst (der Ski gleitet dann sehr schlecht), dann können Sie die Situation noch dadurch retten, daß Sie den Ski mit Paraffin abdecken, d. h. überreiben. Zwar ist er dann meist zu glatt, aber das ist immer noch das kleinere Übel.
- Ein Taschenmesser – (es ist nicht so günstig in der Hosen- oder Anoraktasche unterzubringen) oder zur Not auch eine Wachsspachtel oder ein kleiner Teigschaber aus Horn. Wenn der Ski ›eist‹, d. h., wenn sich Schnee an der Lauffläche ansetzt und haften bleibt, dann hilft nur noch eines: Diese Stollen mit dem Messer abkratzen. Anschließend entweder ein anderes Wachs auftragen (was auf der Strecke meist nicht möglich ist) oder sich mit Paraffin aushelfen.

EIN VOLKSFEST AUF SKIERN – DER WASALAUF

Mitten in den verschneiten Wäldern Mittelschwedens liegt das Mekka des Skilanglaufs. Der Wasalauf wird als die große Pilgerfahrt im Leben eines begeisterten Langläufers bezeichnet. Für die Schweden ist die Strecke über ca. 85 Kilometer von Salen nach Mora mehr als ein sportliches Ereignis: 1521 rief der schwedische Bauernführer Gustav Wasa die Männer von Mora zum Widerstand gegen die dänische Fremdherrschaft auf. Er wurde von den eigenen Leuten verraten und flüchtete auf Schneeschuhen zur norwegischen Grenze. Doch dann änderten die Bauern ihre Meinung. Die schnellsten Männer von Mora eilten hinter Gustav Wasa her und holten ihn in Salen ein. Wasa kehrte im Triumphzug nach Mora zurück. Hier, in der kleinen Holzkirche, wurde das Signal für den schwedischen Unabhängigkeitskampf gesetzt. Gustav Wasa vertrieb den dänischen König Christian und bestieg als Gustav I. 1523 den schwedischen Königsthron.

Zur Erinnerung an die Rückkehr nach Mora findet seit 1922 jedes Jahr im März das schwedische Skivolksfest statt. 1972 waren es fast 8000 Teilnehmer. Mehr als 50 000 Schlachtenbummler stehen entlang der Strecke und feuern jeden einzelnen Läufer an. In Mora wird jeder Ankömmling – auch der letzte – mit Beifallklatschen und Bravorufen empfangen.

Volksskiläufe sind ›Mode‹ geworden. Jedes Jahr kommen neue hinzu. Mit dem Wasalauf ist keiner zu vergleichen. An dieser strapaziösen 85-Kilometer-Wanderung nimmt man nicht

890
891

einfach teil, diesen Lauf muß man ›durchkämpfen‹. Genauso wie die Weltmeister und Olympiasieger, denen diese Strecke ebenso zu schaffen macht. Übrigens: Frauen dürfen am Wasalauf nicht teilnehmen. Ihr Platz ist hinter den riesigen Blechtöpfen mit Blaubeersuppe, von der mehr als 10 000 Liter an die Läufer verteilt werden.

OHNE VORSCHRIFTEN GEHT ES NICHT MEHR (FIS-REGELN)

Als Antwort auf die ständig steigende Zahl der Skilangläufer, den zum Teil sehr regen Betrieb in den Loipen hat die FIS eindeutige Vorschriften entwickelt, die Sie zu Ihrer und zur Sicherheit anderer beherzigen sollten.

1 Rücksichtnahme auf die anderen
Jeder Langläufer muß sich so verhalten, daß er keinen anderen gefährdet oder schädigt.

2 Signalisation und Laufrichtung
Markierungen und Signale (Hinweisschilder) sind zu beachten. In Loipen ist in der angegebenen Richtung zu laufen.

3 Wahl der Spur
Auf Doppel- und Mehrfachspuren muß in der rechten Spur gelaufen werden. Langläufer in Gruppen müssen in der rechten Spur hintereinander laufen.

4 Überholen
Überholt werden darf rechts oder links in einer freien Spur oder außerhalb der Spuren. Der vordere Läufer braucht die Spur nicht freizugeben. Er sollte aber ausweichen, wenn er glaubt, das gefahrlos tun zu können.

5 Gegenverkehr
Bei Begegnungen hat jeder nach rechts auszuweichen. Der aufsteigende hat dem abfahrenden Langläufer die Spur freizugeben.

6 Stockführung
Beim Überholen, Überholtwerden und bei Begegnungen sind die Stöcke eng am Körper zu führen.

7 Anpassung der Geschwindigkeit an die Verhältnisse
Jeder Langläufer muß, vor allem auf Gefällstrecken, Geschwindigkeit und Verhalten seinem Können, den Geländeverhältnissen, der Verkehrsdichte und der Sichtweite anpassen. Er muß einen genügenden Sicherheitsabstand zum vorderen Läufer einhalten. Notfalls muß er sich fallen lassen, um einen Zusammenstoß zu verhindern.

8 Freihalten der Loipen
Wer stehenbleibt, tritt aus der Spur. Ein gestürzter Langläufer hat die Spur möglichst rasch freizumachen.

9 Hilfeleistung
Bei Unfällen ist jeder zur Hilfeleistung verpflichtet.

10 Ausweispflicht
Jeder, ob Zeuge oder Beteiligter, ob verantwortlich oder nicht, muß im Falle eines Unfalls seine Personalien angeben.